Problem Based Learning – PBL
no Ensino de Contabilidade

Daiana Bragueto Martins
Márcia Maria dos Santos Bortolocci Espejo

Problem Based Learning – PBL no Ensino de Contabilidade:

Guia orientativo para professores e estudantes da nova geração

SÃO PAULO
EDITORA ATLAS S.A. – 2015

© 2015 by Editora Atlas S.A.

Capa: Nilton Masoni
Composição: CriFer – Serviços em Textos

Dados Internacionais de Catalogação na Publicação (CIP)
(Câmara Brasileira do Livro, SP, Brasil)

Espejo, Márcia Maria dos Santos Bortolocci
Problem based learning – PBL no ensino de contabilidade: guia orientativo para professores e estudantes da nova geração / Márcia Maria dos Santos Bortolocci Espejo, Daiana Bragueto Martins. – – São Paulo: Atlas, 2015.

Bibliografia.
ISBN 978-85-224-9967-0
ISBN 978-85-224-9968-7 (PDF)

1. Contabilidade 2. Contabilidade – Estudo e ensino
3. Professores – Formação I. Martins, Daiana Bragueto II. Título.

15-02653
CDD-657.07

Índice para catálogo sistemático:

1. Contabilidade : Estudo e ensino   657.07

TODOS OS DIREITOS RESERVADOS – É proibida a reprodução total ou parcial, de qualquer forma ou por qualquer meio. A violação dos direitos de autor (Lei nº 9.610/98) é crime estabelecido pelo artigo 184 do Código Penal.

Depósito legal na Biblioteca Nacional conforme Lei nº 10.994, de 14 de dezembro de 2004.

Impresso no Brasil/*Printed in Brazil*

Editora Atlas S.A.
Rua Conselheiro Nébias, 1384
Campos Elísios
01203 904 São Paulo SP
011 3357 9144
atlas.com.br

SUMÁRIO

Prefácio, ix

Apresentação, xi

01 O Ensino da Nova Geração de Contadores, 1

1.1 Contadores da Geração Y, 2

1.2 Desenvolvimento das competências do contador, 5

    1.1.1 Conhecimentos, 9

    1.1.2 Habilidades, 12

    1.1.3 Atitudes, 16

    1.1.4 Competências do contador e o PBL, 19

02 PBL como Metodologia de Ensino Ativa, 23

2.1 Processo de ensino-aprendizagem tradicional *versus* PBL, 25

2.2 Metodologia da Problematização *versus* PBL, 37

03 História, Características, Elementos e o Processo do PBL, 46

3.1 História do PBL: do mundo para o Brasil, 46

3.2 História do PBL: da Medicina para a Contabilidade, 49

3.3 Fundamentos do PBL, 58

3.4 Objetivos do PBL, 60

3.5 Características do PBL, 61

3.6 Os elementos do PBL, 68

    3.6.1 O problema, 68

    3.6.2 O aluno, 76

    3.6.3 O professor, 77

3.7 O processo no PBL, 81

04 Avaliação em PBL, 86

4.1 O processo avaliativo no PBL, 86

4.2 Modelos avaliativos das principais IES que utilizam o PBL, 91

05 Relatos de Experiência em PBL no Ensino Superior, 99

5.1 Experiência com PBL na Ásia na voz da professora doutora Nachamma Sockalingam, 99

    5.1.1 A estrutura de PBL utilizada, 99

    5.1.2 O processo avaliativo, 102

    5.1.3 Os recursos utilizados e o ambiente de aprendizagem em sala de aula, 103

    5.1.4 Dificuldades no processo de planejamento, execução e acompanhamento do PBL, 103

5.2 Experiência com PBL na Escola de Artes, Ciências e Humanidades da Universidade de São Paulo na voz do professor doutor Ulisses Ferreira Araújo, 104

    5.2.1 O processo avaliativo, 107

    5.2.2 As dificuldades, as vantagens e as desvantagens no processo de planejamento, execução e acompanhamento do PBL, 108

5.3 Experiência com PBL na Faculdade de Economia, Administração e Contabilidade da Universidade de São Paulo, 110

    5.3.1 Na voz do professor titular Fábio Frezatti, 110

        5.3.1.1 Processo avaliativo, 111

        5.3.1.2 As dificuldades, as vantagens e as desvantagens no processo de planejamento, execução e acompanhamento do PBL, 113

    5.3.2 Na voz do professor doutor Márcio Luiz Borinelli, 114

        5.3.2.1 Mudanças no processo avaliativo, 117

        5.3.2.2 Infraestrutura e projeto político-pedagógico, 118

06 Aplicação de PBL em Contabilidade, 121

6.1 Aplicação de PBL em controle gerencial, 121

    6.1.1 Características essenciais da disciplina e os elementos do PBL, 123

6.2 Aplicação de PBL em casos de controladoria, 130

    6.2.1 Características essenciais da disciplina e os elementos do PBL, 132

07 Primeiros Passos: como Aplicar o PBL em minha Disciplina?, 137

7.1 Exemplo de problema, 137

7.2 Plano de aula, 138

7.3 Desafios e possíveis resistências da implantação do PBL em um currículo tradicional, 141

Referências, 147

Dedicamos esta obra às nossas famílias, pelos valores compartilhados, que nos incitam a deixar um legado positivo neste mundo. E aos professores e alunos que fizeram e fazem parte de nossa trajetória, grandes inspiradores.

Daiana Bragueto Martins
Márcia Maria dos Santos Bortolocci Espejo

PREFÁCIO

Um livro novo é sempre motivo de grande alegria e satisfação não só para os autores, mas principalmente para os novos leitores. O projeto denominado *Problem Based Learning* – **PBL no ensino de contabilidade: guia orientativo para professores e estudantes da nova geração** é um desses motivos. Trata-se de um livro interessante, pois mescla embasamento e experiências do campo, características essenciais de um livro de pesquisa.

A obra desenvolvida pelas professoras Daiana Bragueto Martins e Márcia Maria dos Santos Bortolocci Espejo vem suprir uma relevante lacuna, que é a de estruturar um curso sob a perspectiva do PBL. Nesse sentido, o leitor pode entender tanto o que é, como é aplicado, por que deve ser considerado e em que situações. Mostram que o PBL não é a abordagem para substituir todas as outras em qualquer situação, mas algo que tem forte apelo para o contexto para ter sucesso.

A mescla de abordagem conceitual com experiências de docentes e a própria situação de pesquisa em sala de aula fazem do livro um instrumento poderoso para a reflexão dos professores quanto à mudança do seu papel docente. Invariavelmente encontramos docentes que se propõem a mudar, ajustar suas trajetórias de vida docente; mas mudar implica direcionar esforços e talentos, e este livro apresenta alternativas que podem ser aplicadas de maneira integral ou mesmo parcial, proporcionando um relevante aumento na participação dos alunos, na valorização dos professores e mesmo na satisfação de ambos.

O ponto relevante para que o ensino seja valorizado e realmente proporcione crescimento e autonomia ao aluno para que ele perceba a utilidade do que aprendeu está na maneira como o docente aplica o PBL no contexto do aluno, na sua realidade. Essa preocupação não é nova, mas sempre esbarra na questão de como fazer. O PBL, nas suas várias possibilidades, resolve essa questão. Com isso certamente será evitada a frase mortal: "Por que tenho que aprender isso?".

Fiquei impressionado com a capacidade das autoras de serem, ao mesmo tempo, abrangentes e focadas, sofisticadas mas explicando de maneira clara e simples, apaixonadas pelo tema mas lúcidas para o questionamento.

Finalmente, em termos de impacto sobre os alunos, as professoras Márcia e Daiana trazem uma contribuição interessante que as abordagens que ignoram a estrutura complexa do CHA (Conhecimento + Habilidades + Atitudes) deixam de proporcionar: uma chance para que a autoestima dos alunos seja fortalecida. A abordagem proporciona esse benefício a partir da chance de cada um mostrar que sabe, que conhece, que tem algo a contribuir para o grupo em que se insere. Isso pode acontecer no conhecimento, na liderança, na capacidade de ouvir, no compromisso, por exemplo. Afinal, preparamos as pessoas para serem profissionais, e não apenas para continuarem a ser alunos. Não sei medir, não sei apurar, mas tenho a certeza de que esse benefício é muito relevante, não só na contabilidade, mas em geral. Resumindo, trata-se de um livro que deve ser lido.

Parabéns e muito sucesso, autoras!

Fábio Frezatti

Professor Titular, FEA-USP, EAC

APRESENTAÇÃO

Ser professor é ser um eterno aprendiz. Mudanças ocorrem a todo o tempo nos fatores que envolvem o conhecimento e na sociedade onde este é aplicado. Aqueles mais experientes na carreira docente têm vivenciado que o perfil dos alunos mudou muito. A tecnologia acessível a todos e a evolução cultural social, ao invés de se transformarem em aliadas, podem impor aos professores mais tradicionais um obstáculo à construção efetiva das competências de seus aprendizes.

Esse também é o cenário do ensino superior contábil. De um lado, encontra-se o "trabalhador que estuda" – aquele aluno que "não tem tempo" para estudo extraclasse, chega à sala de aula por vezes atrasado, tem na Internet a fonte corriqueira para suas pesquisas e argumenta frequentemente que há um hiato entre a teoria aprendida em sala de aula e a prática de sua futura profissão. Apesar de quatro ou cinco anos de estudo, muitas vezes se frustra ao exercer sua carreira como contador, optando por trabalhar em outras áreas. Mas será que o contador que esse aluno se tornou é o profissional contábil de que a sociedade precisa e que valoriza? Como construir um aprendizado que faça sentido no mundo contemporâneo?

De outro lado, está o professor, que geralmente na carreira contábil não possui formação pedagógica e, em grande parte das vezes, reproduz em sala de aula o que vivenciou com seu melhor professor, tornando-se sua referência de ensino. Na maioria dos casos possui dificuldades em se comunicar efetivamente com o seu aluno no sentido de ajudá-lo a desenvolver conhecimentos, habilidades e atitudes que o transformarão em um profissional apreciado pelo mercado de trabalho. Estará a metodologia de ensino empregada pelo professor sendo capaz de incitar a aprendizagem ativa? O estudo e a reflexão sobre suas próprias práticas devem ser pauta do professor que deseja romper barreiras e se aproximar do seu aluno no sentido de transformar o tempo em que estiverem juntos em um tempo, de fato, significativo ao aprendizado.

Por este motivo começamos a estudar o *Problem Based Learning – PBL,* uma metodologia de ensino que mudou nossa forma de pensar e agir enquanto profissionais educadoras da área contábil e de negócios. Nesse período em que pudemos experimentar e estudar o PBL, coletamos depoimentos de alunos e professores, identificamos oportunidades e dificuldades vivenciadas e, acima de tudo, nos certificamos do quanto foi fundamental termos tido contato com essa metodologia para o exercício de um novo olhar, uma nova lente pela qual enxergamos a educação superior.

Queremos compartilhar com você, seja estudante da área contábil ou de negócios, ou profissional do ensino superior, nossa experiência. A proposta desta obra é proporcionar aos professores e aos alunos interessados em desenvolver aprendizagem significativa uma maior familiaridade com o PBL. Acreditamos que só podemos realizar escolhas conscientes para nossa prática docente a partir do momento em que temos a oportunidade de ampliar nosso conhecimento a respeito.

Nossa trajetória se inicia, no Capítulo 1, com uma reflexão sobre o ensino da nova geração de contadores. Profissionais provenientes de uma nova geração que está no mercado de trabalho (Geração Y), cujas competências a serem desenvolvidas no percurso da universidade, amparadas pelas demandas legais da contabilidade, encontram-se plenamente em conformidade com o resultado da aplicação do PBL no ensino superior.

No Capítulo 2, o PBL, como uma abordagem construtivista, é confrontado com a denominada vertente tradicional de ensino. Por meio de um diálogo filosófico, enfatiza-se a postura do PBL como metodologia de ensino que privilegia a postura ativa do aprendiz, corroborando com os conhecimentos, habilidades e atitudes necessários ao profissional contábil no exercício de sua carreira.

Em seguida, no Capítulo 3, encontram-se os elementos essenciais do PBL, sua história desde a primeira aplicação no curso de Medicina, suas características e as bases para seu desenvolvimento. E são explicitadas as distintas formas de aplicação de PBL já vistas na literatura nacional e internacional.

O Capítulo 4 evidencia o processo avaliativo das disciplinas que contemplam a avaliação de competências (conhecimentos, habilidades e atitudes) na abordagem do PBL. Já no Capítulo 5, os relatos de experiências com o método são reportados pelas entrevistas com pesquisadores e professores em âmbito nacional e internacional que aplicaram ou aplicam o PBL em suas disciplinas. Nessas entrevistas são evidenciados a abordagem de PBL empregada em sala de aula, o processo avaliativo, as vantagens de se utilizar a metodologia, bem como potenciais dificuldades, preparações necessárias em termos de estrutura física, humana, material e tecnológica.

Na sequência, no Capítulo 6, são detalhadas duas experiências em PBL no ensino superior de contabilidade, ambas ocorridas na Universidade de São Paulo (FEA/USP e FEA/RP). No último capítulo, diante de determinado cenário, simula-se uma experiência de formulação de problema e condução em sala de aula, passo a passo, para o professor iniciar sua experiência, bem como para que o aluno que estiver vivenciando-a possa se preparar para explorar todas as potencialidades que essa metodologia de ensino ativa pode lhe proporcionar. Além disso, evidenciam-se as preparações necessárias em termos de estrutura física, humana, material, tecnológica e pedagógica.

Por fim, destacamos que esta obra originou-se de pesquisa financiada pelo Conselho Nacional de Desenvolvimento Científico e Tecnológico – CNPq desde 2012, cujas reflexões foram disseminadas e materializadas em duas orientações de dissertações nessa vertente, bem como no desenvolvimento e na publicação de artigos científicos nacionais e internacionais do grupo de pesquisa que envolve professores da Universidade de São Paulo, Universidade Federal do Paraná, Universidade Estadual de Londrina e Singapure Management University.

Aproveite esta oportunidade para reflexão sobre sua própria prática, seja você professor ou estudante. Acreditamos nas sábias palavras de Paulo Freire (1996, p. 23), em *Pedagogia da autonomia: saberes* necessários à prática educativa:

"Quem ensina aprende ao ensinar e quem aprende ensina ao aprender."

Daiana Bragueto Martins e Márcia Maria dos Santos Bortolocci Espejo

01

O ENSINO DA NOVA GERAÇÃO DE CONTADORES

O sucesso do ensino universitário, influenciado pela abertura de mercados e pela sociedade do conhecimento, requer uma forte integração entre ensino, pesquisa e prática profissional. Diante desse contexto, em vez do simples armazenamento de dados nas "janelas cerebrais", o que se deseja é que o profissional possa, diante de um cenário problemático que se mostra à sua frente, "abrir tais janelas" e estabelecer uma "ponte" entre a teoria e a solução prática para o conflito vivenciado. A aprendizagem baseada em problemas ou *Problem Based Learning* proporciona aos estudantes, sob a supervisão de um professor pesquisador, a possibilidade de solucionar problemas reais que emergem da sociedade civil ou empresarial por meio de projetos em grupos e com a utilização de modernas tecnologias.

O PBL trabalha com questões relevantes e atuais da sociedade, das empresas – ou seja, da vida real – que ainda não foram solucionadas. Os problemas, quando relacionados à prática profissional do aprendiz, resultam em um melhor desempenho do processo de ensino-aprendizagem por englobarem a prática, o ensino e a pesquisa científica. Desta feita, permite que a Instituição de Ensino Superior (IES) desenvolva um diálogo entre a academia, a empresa e a sociedade; entre o ensino e a pesquisa científica; e entre esta e a empresa (ENEMARK; KJAERSDAM, 2009).

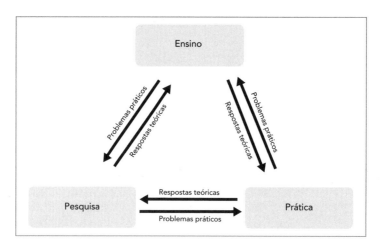

Figura 1.1 *Integração entre ensino, pesquisa e prática profissional.*
Fonte: Adaptado de Enemark e Kjaersdam (2009, p. 21).

A prática é o campo de atuação e a atividade de pessoas com formação acadêmica em determinada área de conhecimento, isto é, desenvolver competências para atuar no mercado de trabalho da área do conhecimento em que o estudante está inserido. Conforme apresentado na Figura 1.1, faz-se a pesquisa para se obterem novos conhecimentos que auxiliem a elaborar respostas teóricas que apresentem soluções práticas para novos problemas. Nesse processo de desenvolvimento do futuro profissional, pesquisa e ensino precisam estar integrados, promovendo a execução do trabalho dos estudantes com problemas profissionais e a apresentação imediata de suas consequências à sociedade. A discussão em sala de aula de problemas referentes ao exercício da atuação profissional estimula a motivação dos alunos, levando-os a aumentar o tempo dedicado aos estudos e, consequentemente, promove uma melhoria no desempenho acadêmico (ENEMARK; KJAERSDAM, 2009; RIBEIRO, 2010), fundamentalmente quando se trata de formação de pessoas com características de uma nova geração.

1.1 Contadores da Geração Y

O PBL no ensino de contabilidade visa solucionar o impasse educacional criado pelas tecnologias de informação e de comunicação e pelos estudantes da Geração Y. A Geração Y é composta pelos que nasceram a partir de 1978 e compreende os indivíduos da primeira geração totalmente imersa na interatividade da tecnologia da informação e comunicação e no ambiente digital.

Vasconcelos, Merhi, Goulart e Silva (2010, p. 229) apresentam as principais características da Geração Y:

- permanente conexão com algum tipo de mídia;
- são habituados a mudanças e valorizam a diversidade;
- preocupam-se com questões sociais e acreditam nos direitos individuais;
- são mais criadores do que receptores;
- são curiosos, alegres, flexíveis e colaboradores;
- formam redes para alcançar objetivos;
- priorizam o lado pessoal em relação às questões profissionais;
- são inovadores e gostam da mobilidade;
- são imediatistas, impacientes, auto-orientados, decididos e voltados para resultados;
- não lidam bem com restrições, limitações e frustrações; o trabalho é visto como um desafio e uma diversão;
- prezam por um ambiente informal com transparência e liberdade;
- buscam o aprendizado constante; e
- não possuem medo da rotatividade de empregos.

O conjunto dessas características proporciona o entendimento de que ao chegar nos bancos universitários esses estudantes da Geração Y tendem a trazer consigo um novo conceito para o processo de ensino-aprendizagem. Assim, os universitários da Geração Y preferem o coletivo em vez da hierarquia (LOMBARDÍA; STEIN; PIN, 2008), o aprendiz precisa estar motivado para que de fato ocorra de modo direto e proativo a postura colaborativa, para que o processo de aprendizagem inicie-se e consolide-se com o êxito esperado. O professor precisa convencer o aluno da importância de adquirir determinado conhecimento e informar a sua utilidade na prática social, pois assim, segundo Xavier (2011, p. 5), "o aprendiz estará apto a refletir sobre um dado conteúdo e a debruçar-se sobre seus detalhes e complexidades com o prazer da curiosidade despertada pelo educador".

Observa-se a necessidade da inserção de novos métodos instrucionais que usufruam dos benefícios da tecnologia e possibilitem aos estudantes a aplicação corriqueira desse saber tecnológico, proporcionando assim uma formação acadêmica para essa geração que contemple atividades que possam ser realizadas utilizando as ferramentas tecnológicas disponíveis pela IES e, também, aquelas de propriedade do aluno, "juntando o útil à escola e à vida do aprendiz ao que lhe agrada" (XAVIER, 2011, p. 13).

Se a educação escolar nas IES continuar com as abordagens tradicionais, há, segundo Xavier (2011, p. 13), um sério risco de levar o aluno ao tédio, desestimulá-lo, diminuindo consequentemente seu rendimento intelectual; ao invés, as práticas pedagógicas dos docentes precisam corresponder às expectativas da Geração Y quanto à dinâmica, à flexibilidade e à inovação. Oblinger e Oblinger (2005) refletem sobre a naturalidade com que os jovens usam a tecnologia e as dificuldades que têm em julgar a qualidade da informação que obtêm, ou seja, constata-se a ausência do desenvolvimento do pensamento e da análise crítica. Simões e Gouveia (2009, p. 5-6) apresentam quatro elementos que contemplam o perfil do jovem universitário:

- capacidade para desempenhar diversas tarefas simultaneamente;
- preferência para a construção ativa do conhecimento, e reduzida tolerância a ambientes "instrutivos";
- baixa tolerância a atrasos na comunicação; e
- participam de ambientes interativos, nos quais assumem o papel de atores, e não apenas de espectadores.

Estes elementos são desenvolvidos pela implantação do PBL no ensino universitário de contabilidade.

O professor de contabilidade precisa buscar novos métodos e metodologias para ensinar aos alunos da Geração Y as competências necessárias para que os mesmos atendam aos anseios da sociedade contemporânea. Corroborando, Frezatti e Silva (2014) afirmam que o PBL aproxima o aluno de contabilidade da prática por meio da inserção e intervenção da realidade, preparando-o melhor para atender às necessidades do mercado de trabalho.

A metodologia do PBL ajuda a abarcar essa nova geração de alunos, tendo em vista que o desejo de participação e comunicação num ambiente interativo e colaborativo com utilização de ferramentas tecnológicas é a grande marca dessa geração. Assim sendo, o que poderia ser considerado um empecilho no método de ensino tradicional, em que o professor é detentor da palavra e o centro das atenções, exigindo disciplina e silêncio, no PBL esses elementos são utilizados com maestria, inclusive incentivando a interação entre os alunos. Preconiza-se o uso de tecnologia para pesquisas num ambiente em que professor é o agente facilitador, que conduz de forma suave o processo de ensino-aprendizagem. Reconhece-se a existência de liberdade, porém, sempre em consonância com a observação dos objetivos a serem atingidos.

SUGESTÕES DE LEITURA:

Para ampliar os seus conhecimentos sobre a Geração Y, indicamos os artigos:

- VASCONCELOS, K. C. A.; MERHI, D. Q.; GOULART, V. M.; SILVA, A. R. L. A geração Y e suas âncoras de carreira. *Revista Eletrônica de Gestão Organizacional – Gestão.Org.* v. 8, n. 2, p. 226-244, maio/ago., 2010. Disponível em: <http://www.revista.ufpe.br/gestaoorg/index.php/gestao/article/download/197/178>. Acesso em: 30 jan. 2015.

- XAVIER, A. C. Letramento digital: impactos das tecnologias na aprendizagem da Geração Y. *Calidoscópio*, v. 9, n. 1, p. 3-14, 2011. Disponível em: <http://www.revistas.unisinos.br/index.php/calidoscopio/article/download/748/149https://aaahq.org/AECC/pdf/position/pos1.pdf>. Acesso em: 30 jan. 2015.

Veja o que os alunos da Geração Y esperam de um bom professor de contabilidade:

- NOGUEIRA, D. R.; CASA NOVA, S. P. C.; CARVALHO, R. C. O. O bom professor na perspectiva da geração Y: uma análise sob a percepção dos discentes de Ciências Contábeis. *Enfoque: Reflexão Contábil*, v. 31, n. 3, p. 37-52, 2012. Disponível em: <http://www.periodicos.uem.br/ojs/index.php/Enfoque/article/download/16895/10128>

1.2 Desenvolvimento das competências do contador

Therrien e Loiola (2001, p. 154) afirmam que "ser competente é ser capaz de utilizar e de aplicar procedimentos práticos apropriados em uma situação de trabalho concreta". Brandão (2009, p. 6) relata que Gilbert, em 1978, afirmava que a competência "é expressa em função do desempenho ou comportamento da pessoa no trabalho". Na visão de Abbad e Borges-Andrade (2004) os processos cognitivos ou a aquisição de conhecimentos, habilidades e atitudes são oriundos da inserção e interação do indivíduo no meio social. Assim, pode-se definir competência como a *performance* do sujeito em um contexto específico, seja profissional ou social, de seus conhecimentos, de suas habilidades e de suas atitudes (BRANDÃO, 2009).

O artigo 4º da Resolução CNE/CES nº 10/2004, que institui as Diretrizes Curriculares Nacionais para o curso de bacharelado em Ciências Contábeis, evidencia as competências do futuro profissional contábil, a saber:

I – utilizar adequadamente a terminologia e a linguagem das Ciências Contábeis e Atuariais;

II – demonstrar visão sistêmica e interdisciplinar da atividade contábil;

III – elaborar pareceres e relatórios que contribuam para o desempenho eficiente e eficaz de seus usuários, quaisquer que sejam os modelos organizacionais;

IV – aplicar adequadamente a legislação inerente às funções contábeis;

V – desenvolver, com motivação e através de permanente articulação, a liderança entre equipes multidisciplinares para a captação de insumos necessários aos controles técnicos, à geração e disseminação de informações contábeis, com reconhecido nível de precisão;

VI – exercer suas responsabilidades com o expressivo domínio das funções contábeis, incluindo noções de atividades atuariais e de quantificações de informações financeiras, patrimoniais e governamentais, que viabilizem aos agentes econômicos e aos administradores de qualquer segmento produtivo ou institucional o pleno cumprimento de seus encargos quanto ao gerenciamento, aos controles e à prestação de contas de sua gestão perante a sociedade, gerando também informações para a tomada de decisão, organização de atitudes e construção de valores orientados para a cidadania;

VII – desenvolver, analisar e implantar sistemas de informação contábil e de controle gerencial, revelando capacidade crítico-analítica para avaliar as implicações organizacionais com a tecnologia da informação; e

VIII – exercer com ética e proficiência as atribuições e prerrogativas que lhe são prescritas através da legislação específica, revelando domínios adequados aos diferentes modelos organizacionais.

Toda ação realizada por uma pessoa está vinculada à competência, pois a capacidade de realizar as decisões que a ação recomenda está alicerçada nos conhecimentos, sejam teóricos ou técnicos, adquiridos no decorrer da vida (DESAULNIERS, 1997). Desta feita, a competência é a capacidade de resolver um problema em uma determinada situação. O Quadro 1.1 apresenta alguns conceitos de competências emitidos a partir da década de 1970.

Autor	Conceito
McCelland (1973)	É uma característica subjacente a uma pessoa que é casualmente relacionada com desempenho superior na realização de uma tarefa ou em determinada situação (APTIDÃO x CONHECIMENTO).
Boyatzis (década de 1980); Spencer e Spencer (1993); McLagan (1996); e Mirabile (1997).	É um conjunto de conhecimentos, habilidades e atitudes (isto é, conjunto de capacidades humanas) que justificam um alto desempenho, acreditando-se que os melhores desempenhos estão fundamentados na inteligência e personalidade das pessoas.
Le Boterf (1995)	É composta por três eixos: a pessoa, a sua formação educacional e a sua experiência profissional; é o conjunto de aprendizagens sociais e comunicacionais nutridas a montante pela aprendizagem e formação e a jusante pelo sistema de avaliações; é um saber agir responsável e que é reconhecido pelos outros. Implica saber como mobilizar, integrar e transferir os conhecimentos, recursos e habilidades, num contexto profissional determinado.
Zarifian (1999)	É a inteligência prática para situações que se apoiam sobre os conhecimentos adquiridos e os transformam com tanto mais força, quanto mais aumenta a complexidade das situações.
Fleury e Fleury (2000)	Competência humana e um saber agir responsável e reconhecido, que implica mobilizar, integrar e transferir conhecimentos, recursos e habilidades que agreguem valor econômico à organização e valor social ao indivíduo.

Autor	Conceito
Perrenoud (2000)	É a capacidade de mobilizar diversos recursos cognitivos para enfrentar um tipo de situação. Essa definição apoia-se em quatro aspectos: (a) as competências não são elas mesmas saberes ou atitudes, mas mobilizam, integram e orquestram tais recursos; (b) essa mobilização só é pertinente em situação, sendo cada situação singular, mesmo que se possa tratá-la em analogia com outras, já encontradas; (c) o exercício da competência passa por operações mentais complexas, subentendidas por esquemas de pensamento que permitem determinar (mais ou menos consciente e rapidamente) e realizar (de modo mais ou menos eficaz) uma ação relativamente adaptada à situação; (d) as competências profissionais constroem-se, em formação, mas também ao sabor da navegação diária de um professor, de uma situação de trabalho a outra.

Quadro 1.1 *Conceitos de competências.*

Fonte: Fleury e Fleury (2001), Therrien e Loiola (2001) e Rosa, Cortivo e Godoi (2006).

A seguir, apresentam-se os procedimentos de cunho pedagógico, discutidos por Desaulniers (1997), que são necessários para a construção de competências:

- definir o perfil do profissional a ser formado;
- instaurar estratégias de aprendizagem que se vinculam ao conjunto de conhecimentos já acumulados;
- articular teoria e prática;
- propor uma dinâmica que envolva as qualidades humanas, a formação técnico-científica com instrumentos especializados confiáveis;
- priorizar as propostas educativas de cunho interdisciplinar; e
- insistir em relações baseadas na interação e flexibilidade entre os vários agentes que atuam na construção desse processo.

Assim, a competência é compreendida como o conjunto de conhecimentos, habilidades e atitudes necessário ao futuro profissional de contabilidade para exercer as funções práticas de contador em um determinado contexto empresarial.

1.1.1 Conhecimentos

Os conhecimentos são os saberes teóricos, formalizados e práticos, isto é, aqueles que podem ser transmitidos e adquiridos tanto no cotidiano social de cada indivíduo quanto na educação formal. Estes são considerados por Brandão (2009) como os saberes que cada pessoa acumula durante a vida, que impactam sobre seu modo de agir, julgar e atuar no meio. Corroborando, Durand (2000) aponta que são informações que permitem ao indivíduo entender o mundo ao seu redor.

De acordo com o artigo 5º da Resolução CNE/CES nº 10/2004, o profissional para atuar na área de contabilidade no Brasil deve possuir conteúdos que proporcionem a "[...] harmonização das normas e padrões internacionais de contabilidade, em conformidade com a formação exigida pela Organização Mundial do Comércio e pelas peculiaridades das organizações governamentais", contemplando:

- Conteúdos de Formação Básica: Administração, Economia, Direito, Métodos Quantitativos, Matemática e Estatística.

- Conteúdos de Formação Profissional: Teorias da Contabilidade, Noções das Atividades Atuariais, Noções de Quantificações de Informações Financeiras, Patrimoniais, Governamentais e Não Governamentais, Auditoria, Perícia, Arbitragens, Controladoria, com suas aplicações peculiares ao setor público e privado.

- Conteúdos de Formação Teórico-Prática: Estágio Curricular Supervisionado, Atividades Complementares, Estudos Independentes, Conteúdos Optativos, Prática em Laboratório de Informática utilizando *softwares* atualizados para Contabilidade.

Portanto, cabe a cada instituição de ensino superior determinar os conhecimentos embutidos em cada disciplina.

No Brasil, os profissionais na área contábil apenas estarão aptos para exercer a profissão após concluir o curso de Ciências Contábeis, reconhecido pelo Ministério da Educação e Cultura (MEC), e mediante a aprovação no Exame de Suficiência, fato este fundamentado pelo CFC por meio do artigo 12 do Decreto-Lei nº 9.295/1946 promulgado pelo artigo 76 da Lei nº 12.249/2010. O objetivo do exame de suficiência é garantir que os profissionais que terminam o curso de Ciências Contábeis, independentemente da Instituição de Ensino Superior que escolheram, ao ingressarem no mercado de trabalho apresentem uma capacitação mínima para desempenhar suas funções.

Destaca-se que o Exame de Suficiência não avalia as competências (conhecimentos, habilidades e atitudes) adquiridas pelo bacharel durante o curso de Ciências Contábeis, somente os **conhecimentos** médios das disciplinas desenvolvidas no decorrer do curso, apresentadas nas Diretrizes Curriculares Nacionais para o Curso de Graduação em Ciências Contábeis, Resolução CNC/CES nº 10/2004, sendo elas: contabilidade geral; contabilidade de custos; contabilidade aplicada ao setor público; contabilidade gerencial; controladoria; noções de direito e legislação aplicada; matemática financeira e estatística; teoria da contabilidade; legislação e ética profissional; princípios de contabilidade e normas brasileiras de contabilidade; auditoria contábil; perícia contábil e língua portuguesa aplicada (CFC, 2014).

Para que um profissional atue na área gerencial em âmbito internacional, faz-se necessária a aquisição dos **conhecimentos** apresentados pelo Institute of Management Accounting (IMA), que tem por objetivo cuidar do aperfeiçoamento do contador gerencial, que em 1972 elaborou o Certified Management Accountant (CMA). O profissional da área gerencial que desejar obter o CMA deve realizar provas que abordem os **conhecimentos** elencados no Quadro 1.2, relacionados a três grandes áreas: análise de negócios; contabilidade gerencial e relatórios; e gestão estratégica.

Tópico	Subtópicos	Itens
Análise de Negócios	Negócios Econômicos	Fatores que influenciam a demanda, oferta e a elasticidade da empresa; Consumo de bens; Recursos de produção e seus custos; Estrutura de mercado; precificação; Macroeconomia; e Ciclo de negócios.
	Negócios Globais	Vantagens relativas; Protecionismo; Barreiras para o comércio global; Câmbio; Investimentos internacionais de capital; Financiamento de negócios internacionais; e Questões éticas e legais.
	Controles Internos	Controles internos, procedimentos padrões; Auditoria interna; Tipos de auditoria; e Avaliação dos sistemas de informações contábeis.
	Métodos Quantitativos	Técnicas (exemplo: análise de regressão); Curva de aprendizagem; Programação linear; Análise de sensibilidade; Análise de redes; Valores esperados; Conceitos de probabilidade; Árvore de decisão; e Simulação.
	Análise das Demonstrações Financeiras	Padrões de Contabilidade; Auditoria de demonstrações financeiras; Interpretação e análise das demonstrações financeiras (indicadores e comparações); Limitações das análises por meio de índices; Valor de mercado *versus* valor contábil; e Questões internacionais.
Contabilidade Gerencial e Relatórios	Elaboração do Orçamento	Planejamento; Propósitos do planejamento; Conceitos relacionados a orçamentos; e Projeção de demonstrações.
	Gestão de Custos	Conceitos de custos, fluxo e terminologia; Objetos de custos; Conceitos de mensuração de custos; Sistemas de acumulação de custos; e Alocação de custos indiretos.
	Informação Gerencial	Natureza das informações gerenciais e contábeis; Desenvolvimento e projeto de sistemas; Terminologia aplicável ao desenvolvimento de SICs; Integração cliente-fornecedor por meio de Sistemas de Informações; E-Commerce; e ERP.
	Mensuração de Desempenho	Controle e avaliação de desempenho (custos, receitas, lucros e ROI); Análise de variâncias em orçamentos flexíveis; Custo-padrão; Centros de responsabilidade; BSC; e Fatores qualitativos.
	Contabilidade Financeira	Principais demonstrações financeiras e seus propósitos; Limitação das informações das demonstrações financeiras; Reconhecimento e mensuração de ativos, passivos e patrimônio líquido; Receitas, despesas, itens não operacionais e lucro por ação; Comissão de Valores Mobiliários; e Relatório da administração.

Tópico	Subtópicos	Itens
Gestão Estratégica	Planejamento Estratégico	Planejamento estratégico e tático; Filosofias de gestão (ex.: JIT); Análise da cadeia de valor; Benchmarking; e ABC e aprimoramento contínuo.
	Marketing Estratégico	Papel do marketing estratégico; Segmentação de mercado; Gerenciamento de produtos e serviços; Estratégias de precificação; Promoções; e Estratégias de distribuição.
	Finanças Corporativas	Tipos de riscos; Mensuração dos riscos; Carteira de investimento; Mercados futuro e de opções; Financiamento de longo prazo; Política de dividendos; Fatores que influenciam a estrutura ótima de capital; e Custo do capital.
	Análise de Decisão	Sequência de passos lógica para a tomada de decisão; Conceito de dados relevantes; Análise Custo-volume-lucro; Análise incremental; Preços baseados nos custos; e Implicações tributárias nas decisões operacionais.
	Análise das Decisões de Investimento	Estimativa de fluxos de caixa; Valor do dinheiro no tempo; Conceitos de fluxos de caixa descontados; Valor presente líquido; Taxa interna de retorno; Técnicas que não consideram o valor do dinheiro no tempo; Implicações tributárias nas decisões de investimento; Estabelecimento de prioridade de investimentos; e Análise de riscos.

Quadro 1.2 *Conhecimentos exigidos pelo* Certified Management Accountant.

Fonte: Souza et al. (2008, p. 76).

Nesse sentido, consideram-se os conhecimentos apontados pela Resolução CNE/CES nº 10/2004 como o alicerce na formação do profissional contábil no Brasil e os conhecimentos elencados pelo IMA necessários à formação do contador gerencial, de modo que, ao ingressar no mercado de trabalho, o contador esteja apto a exercer suas atribuições profissionais.

1.1.2 Habilidades

As habilidades são elementos desenvolvidos pelos indivíduos e referem-se à capacidade do profissional de aplicar o conhecimento que possui. Neste contexto, Brandão (2009) define habilidade com base nos estudos de Bloom, Engelhart, Furst, Hill e Krathwohl (1979) como sendo a capacidade das pessoas de resgatarem e utilizarem seus conhecimentos, suas experiências anteriores e suas técnicas para solucionar um problema atual.

Para um profissional atuar na área de contabilidade, faz-se necessário adquirir as **habilidades** propostas com base nos documentos emitidos pelo *Accounting Education Change Commission* (AECC, 1990), pela *International Federation Accountants* (IFAC, 2004), pelo *American Institute of Certified Public Accountants* (AICPA, 2005), pelo *Institute of Chartered Accountants* (ICA, 2009). As habilidades estão divididas em três categorias: intelectual, interpessoal e comunicacional. Destacam-se as principais: apresentar e defender pontos de vista e os resultados de seu próprio trabalho, tanto oral como escrito, em contextos formais ou informais; trabalhar em grupo; resolver problemas; criatividade e inovação; integrar o conhecimento multidisciplinar; realizar análise crítica; compromisso com a aprendizagem ao longo da vida; ter uma visão abrangente e global da organização; aprender a aprender; entre outras.

Assim, integrando as competências abordadas nos documentos emitidos pelos órgãos reguladores da profissão contábil e as apresentadas na literatura, observam-se as principais habilidades do contador no Quadro 1.3 que são desenvolvidas pelo PBL.

Habilidades	Descrição	Referências do PBL	Referências Contábeis
1. Trabalho em equipe	Ajudar outro membro do grupo com seu trabalho; usar as informações fornecidas pelos membros do grupo para resolver o problema; contribuir para os objetivos do grupo.	Savery e Duffy (1995); Duch, Groh e Allen (2001); Hansen (2006); Savery (2006); Ribeiro (2010); Sockalingam e Schmidt (2011).	AECC (1990); Resolução CNE/CES nº 10/2004; AICPA (2005); ICA (2009); IFAC (2012).
2. Criatividade e inovação	Mostrar evidências de perseverança e criatividade em encontrar novas informações; encontrar soluções criativas e inovadoras para o problema.	Enemark e Kjaersdam (2009); Ribeiro (2010).	AECC (1990); AICPA (2005); ICA (2009).
3. Visão sistêmica	Refletir sobre a relação entre aquilo que estão aprendendo na resolução do problema e os aspectos globais da ciência e/ou da sociedade como um todo.	Ribeiro (2010); Vasconcelos, Cavalcante e Monte (2011).	Resolução CNE/CES nº 10/2004.
4. Comunicação	Comunicar-se claramente; falar diretamente aos membros do grupo; comunicar-se de forma eficaz e concisa com os demais alunos e professores na forma escrita e oral; comunicar suas ideias, suas experiências e seus valores aos colegas, ao debater o conteúdo no grupo.	Duch, Groh e Allen (2001); Hansen (2006); Savery (2006); Enemark e Kjaersdam (2009); Ribeiro (2010), Sockalingam (2010).	AECC (1990); AICPA (2005); ICA (2009); IFAC (2012).
5. Planejamento	Planejar como serão executados os sete passos do PBL que são dispostos para orientar os alunos durante o processo de resolução de um problema profissional.	Schmidt (1983).	AECC (1990); IFAC (2012).
6. Integração com a empresa	Fazer a integração das discussões do problema realizadas em sala ou pelo grupo (fora de sala) com a realidade da empresa escolhida para aplicar o PBL.	Duch, Groh e Allen (2001); Hmelo-Silver (2004); Hansen (2006); Savery (2006); Enemark e Kjaersdam (2009); Ribeiro (2010).	Resolução CNE/CES nº 10/2004; ICA (2009); IFAC (2012).
7. Integração com outras disciplinas	Relacionar e integrar a aprendizagem durante o PBL com as demais disciplinas do curso; relacionar conhecimento de diferentes áreas; aprender diferentes paradigmas científicos, conhecimentos tácitos e soluções éticas e aceitáveis.	Savery (2006); Enemark e Kjaersdam (2009).	Resolução CNE/CES nº 10/2004; ICA (2009).

Habilidades	Descrição	Referências do PBL	Referências Contábeis
8. Desenvolvimento de projetos	Criar e estruturar projetos (definição do problema, as análises, as teorias, as conclusões, as sínteses, as soluções possíveis e as aceitáveis, as conclusões, a avaliação e as consequências), expor o processo e os resultados.	Enemark e Kjaersdam (2009).	IFAC (2012).
9. Análise crítica	Estimular o pensamento, a análise e o raciocínio; tomar decisões ou realizar julgamentos com base em fatos, informações, lógica ou racionalização; questionar a "sabedoria popular" e as suposições pessoais; fornecer base probatória para apoiar os argumentos.	Savery e Duffy (1995); Duch (2001); Duch, Groh e Allen (2001); Hansen (2006); Ribeiro (2010); Sockalingam e Schmidt (2011).	AECC (1990); Resolução CNE/CES nº 10/2004; AICPA (2005); ICA (2009); IFAC (2012).
10. Solução de problema	Buscar solução para os problemas, como analisar as soluções e julgá-las; mostrar evidências do uso de novos conhecimentos na resolução do problema.	Savery e Duffy (1995); Duch, Groh e Allen (2001); Hmelo-Silver (2004); Hansen (2006) e Savery (2006); Sockalingam (2010); Ribeiro (2010).	AECC (1990); AICPA (2005); ICA (2009); IFAC (2012).
11. Autoavaliação	Reconhecer a própria dificuldade de entendimento e a falta de conhecimento adequado; identificar as próprias fraquezas e forças; responder a uma avaliação negativa justa com gratidão; aceitar e discutir questões emocionais; refletir sobre como ocorre a aprendizagem.	Savery (2006).	IFAC (2012).
12. Estudo independente	Pesquisar sozinho; integrar informações de diversas fontes, incluindo o conhecimento prévio; pesquisar os assuntos em livros, bases de dados, artigos publicados, dissertações e teses, contatos ou sites da internet, sempre em busca da melhor solução para o problema.	Hansen (2006); Ribeiro (2010).	AECC (1990); ICA (2009); IFAC (2012).
13. Trabalho autorregulado	Aprender a aprender; desenvolver a autonomia e a responsabilidade pela sua própria aprendizagem.	Duch, Groh e Allen (2001); Hmelo-Silver (2004); Hansen (2006); Savery (2006); Ribeiro (2010); Sockalingam e Schmidt (2011).	AECC (1990); ICA (2009); IFAC (2012).

Quadro 1.3 *Habilidades do contador.*

1.1.3 Atitudes

As atitudes são os reflexos da reação positiva ou negativa de um indivíduo, que estão relacionadas ao ato de querer fazer algo, pautando-se na disposição, na intenção e/ou no desejo, fato este que influencia a pessoa a adotar determinado comportamento em relação às demais pessoas, aos objetos e às situações (BRANDÃO, 2009).

Assim como nas habilidades, já apresentadas no item anterior, as **atitudes** do contador também se encontram nas propostas do AECC (1990), do AICPA (2005) e do ICA (2009) e da IFAC (2004). Salientam-se aquelas com maior relevância na aplicação do PBL: assumir posição de liderança; responsabilidades sociais e éticas; motivação; persistência; comprometimento; empatia, entre outras.

Assim, integrando as competências abordadas nos documentos emitidos pelos órgãos reguladores da profissão contábil e as apresentadas na literatura, observam-se as principais atitudes do contador no Quadro 1.4 que são desenvolvidas pelo PBL.

Atitudes	Definição Operacional	Referências do PBL	Referências Contábeis
1. Comprometimento	Comprometer-se com a obtenção de resultados positivos nas atividades sob sua responsabilidade; completar as tarefas atribuídas ou negociar alternativas se for incapaz de completar as tarefas atribuídas; ser pontual; participar das aulas e sessões tutoriais.	Vasconcelos, Cavalcante e Monte (2011)	Resolução CNE/CES nº 10/2004
2. Ética	Fornecer informação certa, precisa e objetiva; atuar com imparcialidade e impessoalidade; apresentar sempre mais de uma alternativa viável e adequada à solução do problema; ser verdadeiro na comunicação e uso de informações.	Wood (2006)	AECC (1990); AICPA (2005); IFAC (2012); ICA (2009)
3. Proatividade	Tomar iniciativa de praticar ações concretas que ajudem a manter a dinâmica do grupo; produzir boas ideias que ajudem a resolver o problema.	Wood (2006)	IFAC (2012)
4. Empatia	Criar uma relação de confiança e harmonia com o grupo propiciando maior grau de abertura dos integrantes para aceitar conselhos e sugestões; colocar-se no lugar do outro e tentar compreender o seu comportamento pessoal, auxiliando-o a ser mais produtivo no seu aprendizado.	Vasconcelos, Cavalcante e Monte (2011)	AECC (1990); IFAC (2012)
5. Flexibilidade	Adaptar-se às novas situações, quando necessário, frente a novos desafios nos processos de resolução do problema; estar disposto a rever o processo de ensino com base em resultados de avaliações efetuadas; fazer autoavaliação do seu aprendizado e das pesquisas já realizadas.	Ribeiro (2010); Vasconcelos, Cavalcante e Monte (2011)	ICA (2009)
6. Interesse	Interessar-se pelo problema escolhido pelo grupo; demonstrar motivação para compreender os conceitos introduzidos pelo problema; promover articulação entre os conhecimentos científicos e os interesses cotidianos dos membros do grupo.	Des Marchais (1999), Duch (2001); Araújo e Arantes (2009); Sockalingam e Schmidt (2011)	–
7. Curiosidade	Demonstrar motivação e curiosidade em relação ao problema, de forma a não se limitar a discutir o estritamente necessário; trazer elementos complementares que ajudem a entender e solucionar o problema.	Des Marchais (1999); Hmelo-Silver (2004)	AECC (2009); IFAC (2012); Resolução CNE/CES nº 10/2004

Atitudes	Definição Operacional	Referências do PBL	Referências Contábeis
8. Experiência profissional	Aplicar conhecimentos práticos de atividades desenvolvidas no mercado de trabalho que auxiliem na solução do problema.	Decker e Bouhuijs (2009); Ribeiro (2010)	IFAC (2012)
9. Respeito pelas opiniões de outros	Reconhecer as contribuições dos outros; permitir que os outros membros do grupo expressem suas opiniões, sem rebaixar ninguém; não ser rude, nem arrogante e nem paternalista; ouvir os outros membros do grupo e não interromper.	Ribeiro (2010)	AECC (1990); IFAC (2012); ICA (2009)
10. Colaboração/ Cooperação	Contribuir para os objetivos do grupo; trabalhar facilmente com os outros e contribuir para o trabalho da equipe; trabalhar arduamente nas tarefas atribuídas pelo grupo.	Duch, Groh e Allen (2001); Hmelo-Silver (2004); Hansen (2006); Savery (2006); Ribeiro (2010)	AECC (1990); AICPA (2005); IFAC (2012)
11. Liderança	Incentivar o grupo a encontrar a solução para o problema e influenciar os membros em relação às suas responsabilidades pessoais nesse processo.	Manaf, Ishak e Hussin (2011)	AECC (1990); Resolução CNE/CES nº 10/2004; AICPA (2005); IFAC (2012)

Quadro 1.4 *Atitudes do contador.*

1.1.4 Competências do contador e o PBL

O perfil do contador é abordado por meio dos documentos descritos a seguir, que contemplam as competências atribuídas aos profissionais da área contábil.

Em 1990, o AECC elencou no documento intitulado *Position and Issue Statements*, no qual enfatiza que o ensino de contabilidade deve trabalhar não apenas o conhecimento, mas também as habilidades e as atitudes exigidas do futuro profissional para atuar no mercado de trabalho. O documento separa essas competências em categorias: as habilidades comunicacionais, intelectuais e interpessoais; os conhecimentos contábeis; e a capacidade pessoal (atitudes). Também enfatiza, por exemplo, o ato de receber e transmitir informações, identificar e resolver problemas, trabalhar em grupo, aplicar os conhecimentos contábeis para solucionar problemas reais e ser criativo, respectivamente. Além disso, elenca os conhecimentos exigidos em três categorias: geral, contábil e organizacional.

A IFAC (2012), por meio do *International Education Standard 3*, apresentou em 2004 as competências profissionais do contador categorizadas em cinco itens: intelectuais (identificar e resolver problemas); técnicas e funcionais (conhecimentos contábeis); pessoais (ética na tomada de decisão e autogestão); interpessoais e comunicacionais (trabalho em grupo); e habilidades de gestão de negócio (liderança). Assim, também, o AICPA instituiu o *Core Competency Framework*, em que as competências estão subdivididas em três documentos. O primeiro, *Broad Business Perspective Competencies* (2005a), destaca o pensamento crítico e a resolução de problemas organizacionais, entre outras; o segundo, *Functional Competencies* (2005b), apresenta a habilidade de pesquisa e de comunicação, entre outras; e o terceiro, *Personal Competencies* (2005c), com ênfase para a resolução de problema, tomada de decisão, interação, liderança e comunicação.

Competências similares às apontadas em 2004 pela IFAC (2012) foram elencadas na Austrália pelo ICA no documento *Professional Accreditation Guidelines for Higher Education Programs* (2009), dividindo as competências em comportamentais e cognitivas, estas compostas pelas competências de rotina/cotidianas (relatórios escritos), de projetos/analítica (resolução de problemas e construção de argumentos) e de apreciação (pensamento crítico), e aquelas por competências pessoais (criatividade) e interpessoais (colaboração com os colegas). Enfatiza, ainda, que as competências exigidas podem ser desenvolvidas no currículo por meio de "estudos de caso, discussões em pequenos grupos, debates, trabalhos em grupo, tarefas de resolução de problemas, e simulados de tomada de decisões em situações complexas e ambíguas" (ICA, 2009, p. 12).

Para um profissional atuar na área de contabilidade, faz-se necessário adquirir as **competências** propostas com base nos documentos emitidos pelo AECC (1990), pelo AICPA (2005), pelo ICA (2009) e pela IFAC (2012). Diversos pesquisadores investigaram junto ao mercado de trabalho e à academia quais dessas competências são necessárias para a atuação do contador no mercado de trabalho. No cenário brasileiro, destacam-se as pesquisas de Cardoso, Mendonça Neto e Oyadomari (2010), Cardoso e Riccio (2010), Cardoso, Riccio, Mendonça Neto e Oyadomari (2010), Miranda (2010) e Dutra, Alberton, Camargo e Camargo (2013).

As principais competências que compõem o perfil do contador estão evidenciadas no Quadro 1.5. Estas competências se enquadram nos objetivos do PBL apresentados por Duch, Groh e Allen (2001), Hansen (2006) e Savery (2006), conforme exposto no Capítulo 3 desta obra. Spence (2001) afirma que no PBL o aluno será incentivado a utilizar suas experiências de vida e seus conhecimentos prévios para resolver os problemas propostos, e este, segundo Araújo e Arantes (2009), deverá promover a inter,[1] a trans[2], e a multidisciplinaridade,[3] bem como incorporar os objetivos do curso (DUCH, 2001).

---

[1] Interdisciplinaridade é a interação de duas ou mais disciplinas. Essas interações podem implicar transferências de leis de uma disciplina a outra, originando, em alguns casos, um novo corpo disciplinar, como, por exemplo, a bioquímica ou a psicologística (ZABALA,1998, p. 33, apud PADOAN, 2007, p. 32).

[2] Transdisciplinaridade é o grau máximo de relações entre disciplinas, de modo que chega a ser uma interação global dentro de um sistema totalizador. Esse sistema facilita uma unidade interpretativa, com o objetivo de constituir uma ciência que explique a realidade sem fragmentações. Atualmente, trata-se mais de um desejo do que de uma realidade. De alguma maneira, seria o propósito da filosofia (ZABALA,1998, p. 33, apud PADOAN, 2007, p. 32).

[3] Multidisciplinaridade é a organização de conteúdos mais tradicional. Os conteúdos escolares apresentam-se por matérias independentes umas das outras. As cadeiras ou disciplinas são propostas, simultaneamente, sem que se manifestem explicitamente as relações que possam existir entre elas (ZABALA,1998, p. 33, apud PADOAN, 2007, p. 32).

Competências	Referências do PBL	Referências Contábeis
Habilidades de pensar (pensamento crítico)	Savery e Duffy (1995); Duch (2001); Duch, Groh e Allen (2001); Hansen (2006); Savery (2006); Araújo e Arantes (2009); Deelman e Hoebering (2009); Ribeiro (2010); Sockalingam e Schmidt (2011).	AECC (1990); Resolução CNE/CES nº 10/2004; AICPA (2005); ICA (2009); IFAC (2012); Cardoso, Mendonça Neto, Oyadomari (2010); Cardoso e Ricci (2010); e Miranda (2010).
Capacidade de identificar, analisar e resolver problemas	Savery e Duffy (1995); Duch, Groh e Allen (2001); Hmelo-Silver (2004); Hansen (2006); Savery (2006); Ribeiro (2010); Sockalingam (2010).	AECC (1990); AICPA (2005); ICA (2009); IFAC (2012). Cardoso, Mendonça Neto, Oyadomari (2010); e Miranda (2010).
Trabalho em equipe e liderança	Savery e Duffy (1995); Duch, Groh e Allen (2001); Hansen (2006); Savery (2006); Ribeiro (2010); Sockalingam e Schmidt (2011); Manaf, Ishak e Hussin (2011).	AECC (1990); Resolução CNE/CES nº 10/2004; AICPA (2005); ICA (2009); IFAC (2012); Cardoso, Mendonça Neto, Oyadomari (2010); Cardoso e Ricci (2010); Miranda (2010).
Habilidades comunicacionais (oral, escrita, leitura e ouvir)	Duch, Groh e Allen (2001); Hansen (2006); Savery (2006); Enemark e Kjaersdam (2009); Ribeiro (2010); Sockalingam (2010).	AECC (1990); AICPA (2005); ICA (2009); IFAC (2012) Cardoso, Mendonça Neto, Oyadomari (2010); Cardoso e Ricci (2010); Miranda (2010).
Conhecimento e aplicação dos conteúdos teóricos e técnicos de contabilidade	Schmidt (1983); Duch (2001); Duch, Groh e Allen (2001); Hansen (2006); Savery (2006); Ribeiro (2010); Sockalingam e Schmidt (2011).	AECC (1990); Resolução CNE/CES nº 10/2004; AICPA (2005); ICA (2009); IFAC (2012). Cardoso, Mendonça Neto, Oyadomari (2010); Cardoso e Ricci (2010); Miranda (2010).

Quadro 1.5 *Competências do Contador* versus *PBL*.

Verifica-se que as competências estão vinculadas ao conhecimento prévio do aluno – que pode ter sido adquirido tanto durante o curso (conhecimento e aplicação de regras e técnicas de contabilidade societária, contabilidade gerencial, conhecimento e utilização de tecnologia da informação e habilidades quantitativas) quanto por meio de sua experiência de vida (conhecimento das operações da organização e do seu ramo de atuação) e, ao interagir com a sociedade, cada indivíduo expressa suas crenças e os seus "valores éticos e morais". Tais características estão vinculadas aos fundamentos do PBL (MIRANDA, 2010).

Vale ressaltar que no PBL o aluno é incentivado a utilizar seus conhecimentos prévios e a buscar, por si próprio, novos conhecimentos para resolver os problemas propostos. Porém, o objetivo final é que o discente desenvolva, principalmente, a capacidade de *learn to learn*. A mesma é enfatizada pelo AECC (1990, p. 4), que propõe à academia ensinar o aluno a aprender percorrendo três caminhos: o conteúdo, o processo e a atitude; ou seja, conhecimento, habilidade e atitude.

SUGESTÕES DE LEITURA:

Para ampliar a visão acerca das competências do contador, recomenda-se a leitura dos materiais:

- ACCOUNTING EDUCATION CHANGE COMMISSION (AECC). Objectives of education for accountants: position and issue statement number one. *Issues in Accounting Education*, v. 5, n. 2, p. 307-312, p. 1990. Disponível em: <https://aaahq.org/AECC/pdf/position/pos1.pdf>. Acesso em: 30 jan. 2015.

- CARDOSO, R. L.; RICCIO, E. L. Existem competências a serem priorizadas no desenvolvimento do contador?: um estudo sobre os contadores brasileiros. *Revista de Gestão*, v. 17, n. 3, p. 353-367, jul./set. 2010. Disponível em: <http://www.revistas.usp.br/rege/article/download/36712/39433>. Acesso em: 30 jan. 2015.

- CARDOSO, R. L.; MENDONÇA NETO, O. R.; OYADOMARI, J. C. Os estudos internacionais de competências e os conhecimentos, habilidades e atitudes do contador gerencial brasileiro: análises e reflexões. *Brazilian Business Review*, v. 7, n. 3, p. 91-113, set./dez. 2010. Disponível em: <http://www.bbronline.com.br/public/edicoes/7_3/artigos/41z7@x4mn21102014150150.pdf>. Acesso em: 30 jan. 2015.

02

PBL COMO METODOLOGIA DE ENSINO ATIVA

O PBL, como um método instrucional ativo de ensino-aprendizagem, visa solucionar alguns problemas evidenciados no cotidiano escolar. Primeiramente, observou-se que o método promove o desenvolvimento dos objetivos educacionais propostos na Lei nº 9.394/96 (Lei de Diretrizes e Bases da Educação Nacional), pois o PBL permite o desenvolvimento do pensamento reflexivo, incentiva o trabalho de pesquisa e a investigação científica, aproxima o indivíduo do meio em que está inserido, suscita o desejo permanente de aperfeiçoamento por meio do desenvolvimento das habilidades de autoavaliação, de trabalho autorregulado e do estudo independente, estimula a troca de conhecimento e experiências entre pessoas de gerações diferentes. Além disso, estimula o conhecimento dos problemas do mundo presente, pois integra o aluno à sociedade, ao passo que o mesmo busca problemas da prática social para serem solucionados em sala de aula. Por fim, o PBL estimula o aluno a estabelecer uma relação de reciprocidade com a sociedade por meio dos serviços profissionais ofertados a ela.

É nesse contexto, então, que se encontra um impasse, ou uma grande oportunidade, na formação de novos profissionais de todas as áreas. Com a formação de profissionais de contabilidade não é diferente. Prepará-los a responder aos problemas socioeconômicos, financeiros, tributários, fiscais, legislativos, os quais sofrem atualizações permanentes, é um desafio constante para instituições de ensino e para os docentes.

Especificamente na área de contabilidade, encontram-se as propostas das diretrizes curriculares para os cursos de Ciências Contábeis, a Resolução nº 10, de dezembro de 2004, que estabeleceu novos parâmetros para o ensino de contabilidade. Tal documento trouxe uma maior flexibilidade para elaborar os conteúdos dos cursos, instiga a necessidade dos cursos de investirem mais em pesquisas de iniciação científica na graduação, visando que o futuro profissional da contabilidade aprenda a pesquisar e a desenvolver novas técnicas e, para isso, certamente o ambiente adequado é o acadêmico.

No tocante ao ensino de contabilidade, nota-se que o PBL atende às exigências propostas pelas diretrizes curriculares do curso de Ciências Contábeis emitidas por meio da Resolução CNE/CSE nº 10/2004, pois promove a integração entre teoria e prática, incentiva a pesquisa e realiza a inter, a trans e a multidisciplinaridade. Embora seja ainda uma abordagem incipiente no ensino de contabilidade, estudos como o de Stanley e Marsden (2012) visam identificar se há ou não a necessidade de implantação do PBL na educação contábil, e as descobertas apontam o PBL como um veículo ideal para incorporar o contexto da vida real contábil à sala de aula. O PBL é a ponte que aproxima o ensino da prática empresarial, reduzindo assim o abismo entre a teoria e a prática na sala de aula, pois permite que o aluno, ao trabalhar cooperativamente em pequenos grupos, solucione com o auxílio de tecnologia e recursos de pesquisas problemas reais que emergem da sociedade (ENEMARK; KJAERSDAM, 2009).

De acordo com Werneck (1998) mais importante que adquirir conhecimento sobre um determinado tema ou objeto é aprender o método e o processo, aplicando-os à prática. Desta feita, é importante buscar e experimentar novos métodos que possam ajudar o aluno a construir com liberdade, mas de forma sistematizada, o próprio aprendizado, sejam quais forem o objeto de estudo, sua complexidade ou sua escala de abrangência.

Estudos realizados por Libby e Luft (1993) e Johnstone e Biggs (1998) demonstram que a interação entre o conhecimento técnico adquirido pela teoria e a experiência prática é fundamental para a formação profissional. Observa-se que, em 1999, o trabalho de Nossa já enfatizava que o aluno do curso de Ciências Contábeis, para estar preparado para ingressar no mercado de trabalho, teria que assumir, enquanto profissional, a capacidade de solucionar os problemas do cotidiano empresarial inseridos na realidade social do país.

Com intuito de aperfeiçoar a formação dos futuros profissionais de Ciências Contábeis e amenizar os conflitos entre o ensino e o mercado de trabalho, Frezatti e Silva (2014) afirmam que o processo de ensino-aprendizagem em contabilidade deve proporcionar uma aproximação do ensino com a prática empresarial, por meio da introdução e intervenção na realidade contábil, o que pode ser alcançado e promovido pelo PBL, que favorece a integração do meio acadêmico com o empresarial. Colaborando com essa afirmação, Gassner, Espejo, Bufrem, Clemente e Lima (2010) apontam que as IES têm por responsabilidade formar indivíduos aptos a exercerem suas atribuições profissionais, como também formar cidadãos responsáveis e conscientes capazes de contribuir e de transformar o meio em que estão inseridos. Piaget apresenta o ser humano como "um organismo que, ao agir sobre o meio e modificá-lo, também modifica a si mesmo" (SMOLE, 2005, p. 37).

2.1 Processo de ensino-aprendizagem tradicional *versus* PBL

A proposta desta seção é desenvolver um diálogo filosófico sobre o processo de ensino-aprendizagem com os principais pensadores do construtivismo, Piaget, Vygotsky, Dewey e Freire, que apresentam, em suas pesquisas e discussões teóricas, fundamentos que podem ser desenvolvidos no ensino contábil por meio do PBL.

O construtivismo é uma visão filosófica sobre a forma de entender e aprender algo (SAVERY; DUFFY, 1995). O foco da aprendizagem está no ato de o aprendiz desenvolver uma compreensão mais profunda do conteúdo. Assim sendo, os alunos devem ser capazes de aplicar e usar o que aprendem (SOCKALINGAM, 2010).

Savery e Duffy (1995, p. 1-2) apontam os três pressupostos primários do construtivismo, a saber:

- o entendimento está nas interações com o meio (não se pode falar sobre o que é aprendido separadamente de como se aprende);
- o conflito cognitivo ou a perplexidade é o estímulo para a aprendizagem, determina a organização e a natureza do que é aprendido (busca-se um ambiente de aprendizagem com um estímulo ou uma meta, ou seja, o aluno tem um propósito para estar lá); e
- o conhecimento evolui por meio da interação social e da avaliação da viabilidade de entendimentos individuais (o ambiente social é crítico, os trabalhos em equipes são importantes para testar a própria compreensão e examinar a compreensão dos outros como um

mecanismo para enriquecer, misturando e expandindo a compreensão das questões ou fenômenos particulares).

Para Freire (1996, p. 47), "saber ensinar não é transferir conhecimento, mas criar as possibilidades para a sua própria produção ou a sua construção". Ou seja, o construtivismo evidencia o que Piaget definiu por conhecimento, pois entende-se que o conhecimento é um processo de criação e não de repetição:

> [...] não é uma cópia da realidade, nem o produto é um desdobramento de capacidades que o organismo já possui, mas o resultado de uma interação entre a condição que os seres humanos dispõem ao nascer e sua atividade transformadora do meio (SMOLE, 2005, p. 37).

O estudante é o sujeito ativo do processo de ensino-aprendizagem e o responsável por conquistar as estruturas de conhecimento e pelo seu desenvolvimento moral e intelectual (TAILLE, 2005). O papel do professor é fornecer aos alunos tarefas autênticas que representem situações do mundo real e orientá-los quando necessário. Os estudantes trabalham em equipes colaborativas, interagem com os companheiros e com o professor e desenvolvem o ensino autodirigido para construir seus novos conhecimentos. A sociedade exige profissionais que sejam capazes de aplicar o conhecimento adquirido, que tenham habilidade de solucionar problemas, habilidades de comunicação, trabalhem em equipe e que sejam eternos aprendizes (SOCKALINGAM, 2010).

O PBL é considerado como uma abordagem de ensino construtivista de acordo com Savery e Duffy (1995), Hmelo-Silver (2004), Schmidt, Molen, Winkel e Wijnen (2009) e Sockalingam (2010), pois afirmam que o PBL promove o desenvolvimento de competências profissionais, mais do que a educação convencional o faz. A aprendizagem autodirigida é um importante componente desenvolvido pelo PBL no decorrer das aulas, por integrar o problema a ser solucionado, o aluno que busca conhecimento e o tutor que orienta o processo de ensino-aprendizagem. Porém, as ferramentas pedagógicas de ensino construtivista só contribuem para a aprendizagem se as condições determinantes forem satisfatórias.

Essa proposta é confirmada por Savery e Duffy (1995), ao afirmarem que o PBL pode ser considerado como um dos melhores exemplos de ambientes de aprendizagem construtivista, pois permite o desenvolvimento dos oito princípios educacionais do construtivismo, a saber:

- ancorar todas as atividades de aprendizagem em um problema ou tema mais amplo e complexo (esclarecer os objetivos da aprendizagem);
- apoiar o aluno no desenvolvimento apropriado do problema (proporcionar programas de instrução que especifiquem os objetivos de aprendizagem);
- criar uma tarefa autêntica (ambiente de aprendizagem autêntico e promover as atividades científicas);
- projetar a tarefa e o ambiente de aprendizagem para refletir a complexidade do ambiente em que eles devem ser capazes de interagir ao final da aprendizagem (apoiar o aluno a trabalhar num ambiente complexo e real);
- fazer o aluno apropriar-se do processo utilizado para solucionar o problema (adquirir consciência do processo de aprendizagem e da resolução de problemas);
- proporcionar o ambiente de aprendizagem para dar suporte e desafiar o pensamento do aluno (ajudar o aluno a desenvolver o pensamento crítico);
- estimular discussões com visões e alternativas diferentes entre os alunos e/ou proporcionar contextos alternativos (proporcionar um ambiente de aprendizagem em que as ideias são discutidas e a compreensão é enriquecida; testar se o entendimento foi assimilado; e verificar se os pontos de vista dos outros podem ser úteis para serem incorporados ao entendimento de cada aluno); e
- oferecer momentos de reflexão tanto do conteúdo aprendido quanto do processo de aprendizagem (desenvolver competências de aprendizagem autodirigida).

Nesta perspectiva, destaca-se Torp (2002, p. 33), que corrobora com a pesquisa de Savery e Duffy (1995), ao apresentar os elementos que compõem o ensino construtivista, tais como: realizar a aprendizagem por meio de problemas relevantes para os alunos; apoiar o aluno a trabalhar em um ambiente complexo e autêntico; incentivar grupos colaborativos para propor alternativas diferentes dos alunos; estruturar a aprendizagem por meio dos principais conceitos; instigar e valorizar os pontos de vista dos alunos; avaliar a aprendizagem do aluno no contexto dos ensinamentos e incorporar a autoavaliação; apoiar e desafiar o pensamento do estudante por meio de treinamento cognitivo; incentivar o uso de fontes alternativas e primárias para obter informações; e realizar adaptação curricular para abordar as necessidades e ideias dos alunos.

A reflexão e as experiências do processo de aprendizagem propostas por Dewey (1859-1952) são divididas em cinco fases distintas: dificuldades encontradas; a sua localização e definição; a sugestão de uma solução possível; o desenvolvimento do raciocínio no sentido da sugestão; e observações e experiências posteriores, conducentes a sua aceitação ou a seu afastamento, levando-nos a uma conclusão que nos fará crer, ou não, em determinado elemento (SOUZA; MARTINELLI, 2009). Segundo Koschmann (2001), a proposta de Dewey sobre investigação pode ser usada para fornecer uma lente analítica para observar e descrever a prática PBL. Ribeiro (2010) identifica e adapta para o PBL a proposta de Dewey, a saber: perplexidade frente a uma situação-problema; tentativa de interpretação dessa situação; exploração e análise dos componentes da situação com o intuito de defini-la e esclarecê-la; refinamento e reelaboração das hipóteses levantadas inicialmente; e aplicação e verificação dessas hipóteses por meio da ação na realidade para verificar suas consequências.

Saviani (2002) apresenta como proposta um método de ensino semelhante ao proposto por Dewey, no qual o professor e o aluno são tomados como agentes sociais e o ponto de partida do ensino é a prática social. Embora seja comum a professores e a alunos (que se encontram em diferentes níveis de compreensão da prática social) identificar os principais problemas (problematização) que precisam de respostas e, em consequência, os conhecimentos que julgam necessários para solucioná-los, na sequência buscam instrumentos teóricos e práticos necessários ao equacionamento dos problemas detectados na prática social. O quarto momento é denominado catarse, pois se trata da efetiva incorporação dos instrumentos culturais, transformados agora em elementos ativos de transformação social.

Um olhar atento sobre os estudos de Piaget (1896-1980) revela as reflexões de suas pesquisas e teorias sobre o problema e a importância da tomada de consciência no processo de construção do conhecimento. Ele pesquisou sobre a construção dos novos conhecimentos durante o processo de desenvolvimento humano; defende o pressuposto de que o principal desafio da educação é integrar o indivíduo na sociedade e simultaneamente promover o desenvolvimento de sua autonomia e considera a aprendizagem como o caminho para a construção da autonomia (MACEDO, 2005; BECKER, 2005).

Tanto Piaget quanto Vygotsky consideram o indivíduo como participante ativo do processo de desenvolvimento. Para Piaget, a cognição é uma questão de ações reais, realizadas pelo sujeito, constituindo a matéria-prima de toda a adaptação intelectual e perceptiva. Vygotsky corrobora ao afirmar que, além de ativa, é essencialmente interativa, e a construção social é resultado da "apropriação, por parte do sujeito, dos conhecimentos e das produções culturais da sociedade em que vive, por intermédio da mediação da própria sociedade" (VYGOTSKY apud DAVIS, 2005, p. 43).

Assim como Piaget expressa preocupação sobre como se ensina, como se aprende, como se pensa e como são construídos os conhecimentos científicos (SMOLE, 2005), Freire afirma que:

> [...] toda prática educativa demanda da existência de sujeitos, um que ensinando, aprende, outro que, aprendendo, ensina, daí o cunho gnosiológico;[1] a existência de objetos, conteúdos a serem ensinados e aprendidos; envolve o uso de métodos, de técnicas, de materiais; implica, em função de seu caráter diretivo, objetivo, sonhos, utopias, ideais (FREIRE, 1996, p. 70).

Do ponto de vista de Vygotsky, o ensino só é efetivo e eficaz quando se adianta ao desenvolvimento. O desenvolvimento humano é definido como "um processo e um produto social, e a aprendizagem é a novidade que o antecede e o provoca" (SMOLKA; LAPLANE, 2005, p. 76). A aprendizagem concentra-se na participação e na apropriação das práticas sociais que exprimem a experiência genética, social, cultural e histórica construída e partilhada entre indivíduos (FREIRE, 1996).

Na visão de Piaget (1973, p. 32), "o ideal da educação não é aprender ao máximo, maximizar os resultados, mas é antes de tudo, aprender a aprender: é aprender a se desenvolver e aprender a continuar a desenvolver depois da escola". Pois, para Piaget, a formação do conhecimento acontece "por meio da ação humana que constitui uma ponte entre a realidade e a razão",

---

[1] Refere-se à gnosiologia – teoria geral do conhecimento humano, voltada para uma reflexão entorno da origem, natureza e limites do ato cognitivo (HOUAISS, 2009).

define que o conhecimento construído pelo sujeito funciona como condição de assimilação de novos conteúdos (BECKER, 2005, p. 26).

> Não posso de maneira alguma, nas minhas relações político-pedagógicas com os alunos desconsiderar seu saber de experiência feito. Sua explicação do mundo de que faz parte a compreensão de sua própria presença no mundo. E isso tudo vem explicitado ou sugerido ou escondido no que chamo de "leitura do mundo" (FREIRE, 1996, p. 81).

A perspectiva de Vygotsky sobre a educação tem ênfase na linguagem e, principalmente, na interação social. Vygotsky critica o ensino tradicional baseado "no treino de rotinas e funções cognitivas básicas e argumenta em favor de uma educação que promova o desenvolvimento as funções cognitivas mais complexas, como a linguagem e pensamento, a atenção e a memória" (SMOLKA; LAPLANE, 2005, p. 82).

Dewey descreve a educação como para a formação de hábitos de pensar que transcendem a acumulação e a retenção de informações. Quando um assunto é compreendido, afirma-se que o conhecimento foi apropriado pelo indivíduo. Dentro desta perspectiva, a educação que enfatiza a memorização dos conteúdos e não permite a compreensão dos mesmos pelo uso e aplicação é considerada de "pedagogias desacreditadas" (GASQUE; CUNHA, 2010, p. 143).

Para Vygotsky a escola é um espaço privilegiado, "é uma instituição que ocupa um lugar historicamente definido e ideologicamente marcado" (OLIVEIRA, 2005, p. 75). Na escola os estudantes aprendem e se apropriam das conquistas das gerações passadas, pois membros mais experientes da cultura os auxiliam na construção de sua própria visão do mundo. A escola, na percepção de Dewey, incluindo as universidades, é considerada um órgão necessário e fundamental na formação de "cidadãos dignos, responsáveis e reflexivos que deveriam posicionar-se ativamente em prol do desenvolvimento coletivo" (GASQUE; CUNHA, 2010, p. 143).

A escola, na perspectiva de Vygotsky, apresenta três funções: a primeira, social, por compartilhar a educação das crianças e dos jovens com as famílias; a segunda, política, tendo em vista que contribui para a formação de cidadãos; e desenvolve a função pedagógica, ao ser responsável pela disseminação de conhecimentos científicos, de acordo com padrões de determinado contexto social e cultural (REGO, 2012).

Corroborando com Vygotsky, Saviani (2002, p. 9) afirma que a escola "surge como um antídoto à ignorância" e tem como objetivo "difundir a instrução, transmitir os conhecimentos acumulados pela humanidade e sistematizados logicamente". Saviani (2002) aponta que uma escola que desenvolve satisfatoriamente suas atividades está interessada em métodos de ensino eficazes que estimulam a atividade e iniciativa dos alunos, favorecendo o diálogo dos alunos entre si e com o professor, sem deixar de valorizar o diálogo com a cultura acumulada historicamente (SAVIANI, 2002, p. 69).

Dewey se posiciona criticamente em relação ao perfil da educação tradicional, cuja preocupação está centrada no ensino e não na aprendizagem. Aponta que a escola tem o dever de:

> [...] propiciar a formação de hábitos reflexivos, estabelecendo condições que despertem a curiosidade; preparação das conexões que geram o fluxo de sugestões para uma problematização, levando-se em conta as experiências dos estudantes e o favorecimento da consecutividade na sucessão das ideias para resolução dos problemas (GASQUE; CUNHA, 2010, p. 143).

Piaget, por sua vez, defende o direito da educação para todos os indivíduos da sociedade. Porém, critica a educação tradicional ao afirmar que a criança, o jovem e/ou o adulto não faz uso em seu cotidiano dos conteúdos ensinados na escola, pois o processo de ensino-aprendizagem como é desenvolvido no ensino formal não apresenta sentido ao educando, promovendo, assim, o analfabetismo funcional. O objetivo da aprendizagem escolar "não será mais a estocagem de conteúdos" (BECKER, 2005, p. 33), e os conteúdos serão estudados conforme as necessidades de cada indivíduo. Pois, em sua concepção, "é preciso a quem aprende reinventar" (SMOLE, 2005, p. 36) e o conhecimento só é absorvido pelo indivíduo ao passo que tem consciência, executa, compreende, reflete e generaliza; e, neste âmbito, promove-se a aprendizagem.

Sobre o fato, no ensino tradicional Freire (1996, p. 43-44) afirma:

> Fala-se quase exclusivamente do ensino dos conteúdos, ensino lamentavelmente quase sempre entendido como transferência do saber. Creio que uma das razões que explicam este descaso em torno do que ocorre no espaço-tempo da escola, que não seja a atividade ensinante, vem sendo uma compreensão estreita do que é educação e do que é aprender.

Saviani (2002, p. 68) apresenta sua crítica à pedagogia tradicional (bancária) "caracterizada pela passividade, transmissão de conteúdos, memorização, verbalismo e advoga-se uma pedagogia ativa, centrada na iniciativa do aluno, no diálogo (relação dialógica), na troca de conhecimentos". Defende os métodos sofisticados com escolas equipadas, menor número de alunos em sala, aumento da jornada escolar proporcionando um ambiente escolar "mais agradável, capaz de despertar o interesse dos alunos, de estimulá-los à iniciativa, de permitir-lhes assumir ativamente o trabalho escolar" (SAVIANI, 2002, p. 68).

Freire (1996, p. 30-31) concorda que a escola "tem que ensinar os conteúdos, transmiti-los aos alunos. Aprendidos, estes operam por si mesmos". Fato este que aparece nos estudos de Piaget, que, ao preocupar-se com a compreensão do aluno sobre o tema/assunto que foi ensinado e aprendido e com o desenvolvimento do aprender a aprender, visava desenvolver no aluno o papel de "ator e autor na ação de conhecer", acarretando, com isso, uma mudança na função desenvolvida pelo professor que não deve consistir em ministrar aulas e lições com foco na transmissão de conteúdo, mas promover situações em que o aluno aprenda a investigar, desafiando-o a pensar, analisar e questionar aquilo que a escola deseja que ele aprenda. Entram em cena no processo de ensino-aprendizagem os atos e as atitudes do indivíduo que aprende (SMOLE, 2005). Por outro lado, aquele que ensina deve estar sempre "aberto a indagações, à curiosidade, às perguntas dos alunos, as suas inibições; um ser crítico e inquiridor, inquieto em face da tarefa [...] de ensinar e não a de transferir conhecimento" (FREIRE, 1996, p. 47).

> A grande tarefa do sujeito que pensa certo não é transferir, depositar, oferecer, doar ao outro, tomado como paciente de seu pensar, a inteligibilidade das coisas, dos fatos, dos conceitos. A tarefa coerente do educador que pensa certo é, exercendo como ser humano a irrecusável prática de inteligir, desafiar o educando com quem se comunica e a quem comunica, produzir sua compreensão do que vem sendo comunicado (FREIRE, 1996, p. 38).

Vygotsky apresenta o bom professor como aquele que consegue atuar na zona de desenvolvimento proximal[2] de cada aluno, pois para a abordagem

---

[2] Zona de desenvolvimento proximal: é a distância entre aquilo que o indivíduo é capaz de fazer de forma autônoma (nível de desenvolvimento real) e aquilo que ele realiza em colaboração com os outros elementos de seu grupo social (nível de desenvolvimento potencial) (REGO, 2012).

histórico-cultural não é todo processo de ensino-aprendizagem que promove desenvolvimento (REGO, 2012), ao passo que Saviani (2002, p. 10) apresenta o professor como um estimulador e orientador da aprendizagem cuja iniciativa principal caberia ao próprio aluno; vislumbra um ambiente estimulante com recursos tecnológicos e físicos, o trabalho do professor com pequenos grupos de alunos, promovendo uma melhor relação interpessoal que é essencial à atividade educativa.

> O bom professor é o que consegue, enquanto fala, trazer o aluno até a intimidade do movimento e seu pensamento. Sua aula é assim um desafio e não uma "cantiga de ninar". Seus alunos cansam, não dormem. Cansam porque acompanham as idas e vindas de seu pensamento, surpreendem suas pausas, suas dúvidas, suas incertezas (FREIRE, 1996, p. 86).

A base para a didática baseada em solução de problemas encontra-se fundamentada nessas considerações. Assim, é preciso que "o aluno depare com bons problemas, que o desequilibrem naquilo que sabe, fazendo com que todo o conhecimento de que dispõe seja revisitado, vasculhado, complementado, ampliado, dando lugar as novas e mais complexas relações" (SMOLE, 2005, p. 36). E, ainda, faz-se necessário que o indivíduo tenha consciência de seus pensamentos e ações, pois ele pode ser chamado a apresentar o que e como pensou as conclusões que obteve e o processo lógico que utilizou. As discussões podem ser realizadas apenas com o próprio aluno ou em situações de equipe nas quais os alunos discutem entre eles, "o que favorece a verbalização e a tomada de consciência sobre a própria aprendizagem" (SMOLE, 2005, p. 40).

Nesta mesma perspectiva Vygotsky e Freire, que criticaram o método tradicional (bancário), também enfatizam um método de ensino apoiado nas experiências concretas dos educandos e em suas leituras do mundo, denominado por Paulo Freire de Problematização do cotidiano (MENNA-BARRETO, 2005). No Quadro 2.1 é possível observar o paralelo realizado por Freire (1987) entre as duas abordagens. Freire (1996, p. 30-31) propõe estabelecer uma integração "entre os saberes curriculares fundamentais aos alunos e a experiência social que eles têm como indivíduos".

	Métodos de Ensino Tradicionais ("educação bancária")	Educação Problematizadora
Sujeito ativo	Educador	Educador e educando
Objetivo	Memorização mecânica do conteúdo; ato de depositar, ou de narrar, ou de transferir "conhecimentos" e valores aos educandos.	Corresponde à essência do ser da consciência. Situação gnosiológica, em que o objeto cognoscível, em lugar de ser o término do ato cognoscente de um sujeito, é o mediador de sujeitos cognoscentes, educador, de um lado, educandos, de outro; a educação problematizadora coloca, desde logo, a existência da superação da contradição educador-educandos. Sem esta, não é possível a relação dialógica, indispensável à cognoscibilidade dos sujeitos cognoscentes, em torno do mesmo objeto cognoscível.
Educação	É o ato de depositar, em que os educandos são os depositários e o educador o depositante. É o ato de depositar, de transferir, de transmitir valores e conhecimentos, não se verifica nem pode verificar-se esta superação. A "educação bancária" mantém e estimula a contradição, inibe o poder de criar e de atuar. Mas, ao fazer isto, ao obstaculizar a atuação dos homens, como sujeitos de sua ação, como seres de opção, frustra-os.	É de caráter autenticamente reflexiva, implica um constante ato de desvelamento da realidade. Busca a emersão das consciências, de que resulte sua inserção crítica na realidade.
Educador	Reconhece, na absolutização da ignorância daqueles, a razão de sua existência. Tem o papel de disciplinar a percepção de mundo nos educandos. Seu trabalho é de imitar o mundo, o de ordenar o que já se faz espontaneamente, o de preencher os educandos de conteúdos. É o de fazer depósitos de "comunicados" – falso saber – que ele considera como verdadeiro saber.	O educador já não é o que apenas educa, mas o que, enquanto educa, é educado, em diálogo com o educando, que, ao ser educado, também educa. Ambos, assim, se tornam sujeitos do processo. Educador refaz constantemente, seu ato cognoscente, na cognoscibilidade dos educandos. O papel é proporcionar, como os educandos, as condições em que se dê a superação do conhecimento no nível da *doxa* pelo verdadeiro conhecimento, o que se dá no nível do *logos*.

	Métodos de Ensino Tradicionais ("educação bancária")	Educação Problematizadora
Educandos	Alienados, por sua vez, à maneira do escravo na dialética hegeliana, reconhecem em sua ignorância a razão da existência do educador, mas não chegam, nem sequer ao modo do escravo naquela dialética, a descobrir-se educadores do educador. São seres passivos; cabe à educação apassivá-los mais ainda e adaptá-los ao mundo.	Homens como "corpos conscientes" e na consciência como consciência intencionada ao mundo. Não pode ser a do depósito de conteúdos, mas a da problematização dos homens em suas relações com o mundo. São investigadores críticos, em diálogo com o educador, investigador crítico, também. Os educandos desenvolvem o seu poder de captação e de compreensão do mundo que lhes aparece, em suas relações com ele, não mais como uma realidade estática, mas como uma realidade em transformação, em processo.
Foco	Anular o poder criador dos educandos ou minimizá-lo, estimulando sua ingenuidade e não sua criticidade, satisfaz aos interesses dos opressores: para estes, o fundamental não é o desnudamento do mundo, a sua transformação, mas sim a permanência.	Quanto mais se problematizam os educandos, como seres no mundo e com o mundo, tanto mais se sentirão desafiados. Tão mais desafiados, quanto mais obrigados a responder ao desafio. Desafiados, compreendem o desafio na própria ação de captá-lo. Mas, precisamente porque captam o desafio como um problema em suas conexões com os outros, num plano de totalidade e não como algo petrificado, a compreensão resultante tende a tornar-se crescentemente crítica, por isso, cada vez mais desalienada. Reforça a mudança.
Ponto de partida	Conteúdo	Prática social
Prática	Percepção fatalista que estejam tendo os homens de sua situação.	Propõe aos homens sua situação como problema. Propõe a eles sua situação como incidência de seu ato cognoscente.
Criatividade	Inibe a criatividade e, ainda que não possa matar a intencionalidade da consciência de desprendimento do mundo, nega os homens na sua vocação ontológica e histórica de humanizar-se.	Serve à libertação, funda-se na criatividade e estimula a reflexão e a ação verdadeira de homens sobre a realidade; responde à sua vocação, como seres que não podem autenticar-se fora da busca pela transformação criadora.

Quadro 2.1 *À luz da percepção de Paulo Freire um paralelo entre a educação tradicional e a problematização.*

Fonte: Adaptado de Freire (1987, p. 33-43).

Segundo Piaget, o conhecimento que é ensinado deve ser reconstruído, pois o conhecimento é recriado na interação de um ato socialmente cotidiano e "é construído a partir de conhecimentos prévios, não necessariamente certos ou acabados em se considerando como parâmetro o estágio final do desenvolvimento da noção da qual se trate" (LAJONQUIÈRE, 2005, p. 64).

Nesta perspectiva, Davis (2005, p. 49) afirma que no processo de ensino-aprendizagem, sendo intencional, o resultado almejado é "a formação de um cidadão bem informado, capaz de pensar o seu entorno de forma lúdica e criativa, sempre à luz de valores sociais mais amplos". Para finalizar a discussão filosófica sobre o processo de ensino-aprendizagem, destaca-se a opinião de Freire (1996, p. 23): "quem ensina aprende ao ensinar e quem aprende ensina ao aprender. Quem ensina, ensina alguma coisa a alguém".

Na área de Ciências Contábeis, no tocante ao processo de ensino-aprendizagem fundamentado nas ideias de Paulo Freire, destaca-se a pesquisa de Araújo, Santana e Carneiro (2009), cujo objetivo é subsidiar a formação de professores de Ciências Contábeis que trabalham ou desejam trabalhar com a educação problematizadora. As descobertas evidenciam que a aplicação da educação problematizadora no ensino de Contabilidade pode auxiliar na formação do contador que esteja inserido em um contexto profissional em constantes alterações promovidas pelas mudanças ocorridas no âmbito político, econômico e social. Dessa forma, concluiu-se que para atender aos anseios do mercado de trabalho a educação contábil precisa utilizar métodos de ensino que estimulem a participação ativa de seus alunos e que possibilitem o desenvolvimento de novas competências.

No mesmo sentido, Gassner et al. (2010) investigaram, com base na percepção dos alunos dos cursos de Ciências Contábeis nas Universidades Federais do Sul do país, a relação entre os sujeitos no processo de ensino-aprendizagem sob a perspectiva da educação problematizadora proposta por Paulo Freire. Os resultados apontaram para algumas divergências entre o que se percebe e o que se prefere em relação ao ensino, destacando-se as principais preferências dos estudantes: recapitulação da matéria no início da aula; aulas variadas; divulgação do programa das atividades do curso; elogios e encorajamentos; entusiasmo com o trabalho docente; e avaliação por provas em grupo. Os pesquisadores alertam sobre a importância do papel do professor na vida pessoal e profissional do indivíduo, assim como da sua contribuição para a sociedade como um todo, e do papel do estudante no processo de ensino-aprendizagem.

SUGESTÕES DE LEITURA:

Para complementar o entendimento sobre a estrutura curricular e pedagógica do curso de Ciências Contábeis no Brasil, recomenda-se a leitura da Lei nº 9.394/1996, de 20 de dezembro, que estabelece as Diretrizes e Bases da Educação Nacional e da Resolução CNE/CES nº 10/2004, de 16 de dezembro, que instituiu as Diretrizes Curriculares Nacionais para o Curso de Graduação em Ciências Contábeis.

Para aprofundar os conhecimentos sobre como os fundamentos do construtivismo podem ser desenvolvidos no ensino por meio do PBL, leia:

- SAVERY, J. R.; DUFFY, T. M. Problem-based learning: an instructional model and its constructivist framework. *Educational Technology*, v. 35, p. 1-17, 1995. Disponível em: <http://www.ouwb.ohiou.edu/this_is_ouwb/papers/savery-duffy.pdf>. Acesso em: 30 jan. 2015.

- SCHMIDT, H. G.; MOLEN, H. T.; WINKEL, W. W. R. T.; WIJNEN, W. H. F. W. Constructivist, problem-based learning does work: a meta-analysis of curricular comparisons involving a single medical school. *Educational Psychologist*, v. 44, n. 4, p. 227-249, 2009. Disponível em: <http://www.tandfonline.com/doi/abs/ 10.1080/00461520903213592#. VMvXo9LF-OF>. Acesso em: 30 jan. 2015.

Conhecendo os vários tipos de PBL:

- WOOD, D. R. Problem-Oriented Learning, Problem-Based Learning, Problem-Based Synthesis, Process Oriented Guided Inquiry Learning, Peer-Led Team Learning, Model-Eliciting Activities, and Project-Based Learning: What Is Best for You?. *Industrial & Engineering Chemistry Research*, v. 53, n. 13, p. 5337-5354, 2014. Disponível em: <http://pubs.acs.org/doi/abs/10.1021/ie401202k>. Acesso em: 30 jan. 2015.

2.2 Metodologia da Problematização *versus* PBL

Na década de 1990, ocorreram importantes reformas no setor brasileiro de educação superior, o Conselho Nacional de Educação estabeleceu as novas diretrizes e bases curriculares que permitiram a elaboração e o desenvolvimento de um novo processo de ensino-aprendizagem apropriado para o cenário nacional (BRASIL, 1996). Com um olhar para o mercado de trabalho, as novas diretrizes propunham mudanças no paradigma educacional, com objetivo de diminuir a distância entre a academia e as necessidades da sociedade brasileira (SAVIANI, 2008).

O eixo central é apresentar algumas das similaridades e das diferenças de como ocorre o processo e os resultados no ensino-aprendizagem dos dois modelos metodológicos que envolvem a resolução de problemas utilizados no Brasil, a metodologia da problematização e o PBL. Alguns estudos mostram que tais metodologias que envolvem a problematização apresentam objetivos distintos e seguem diferentes caminhos no processo de ensino-aprendizagem que propagam resultados educacionais distintos em cada uma das abordagens metodológicas.

A Metodologia da Problematização foi difundida no Brasil na década de 1990, pelas pesquisas de Neusi Aparecida Navas Berbel,[3] que descreve o método, investiga a história e a filosofia, analisa os processos e seus resultados. É uma metodologia educacional que tem suas raízes teóricas e filosóficas vinculadas aos princípios e às ideias de Paulo Freire (BERBEL, 1998a, 1999; CYRINO; TORALLES-PEREIRA, 2004). Já algumas pesquisas descrevem um processo de integração, coexistência e articulação entre ambos (CYRINO; RIZZATO, 2004; BATISTA; BATISTA; GOLDENBERG; SEIFFERT; SONZOGNO, 2005).

As similaridades das abordagens educacionais encontram-se em suas origens; embora surjam em diferentes contextos sociais, econômicos e culturais, ambas originam-se de experiências, crenças e críticas de educadores, principalmente do ensino de adultos, quanto à educação tradicional. A Metodologia da Problematização faz associações com a noção de práxis de Adolfo Sánchez Vázquez (1977 apud Berbel 1999) e com os ensinamentos de Paulo Freire quanto aos aspectos teórico, filosófico e epistemológico, pois essa é considerada com uma metodologia que pratica a pedagogia problema-

---

[3] Pedagoga pela Universidade Estadual de Londrina, mestre em Educação pela Universidade Federal Fluminense, doutora em Educação pela Universidade de São Paulo e pós-doutora em Educação pela Universidade Estadual de Campinas. Atualmente, trabalha no Programa de Pós-Graduação, Mestrado e Doutorado em Ciências e Saúde, e no Programa de Pós-Graduação, Mestrado em Educação, ambos na Universidade Estadual de Londrina. Desde 1992, desenvolve pesquisas sobre a Metodologia da Problematização e o seu trabalho mais recente é o livro publicado em 2012 pela Eduel intitulado: *A Metodologia da Problematização com o Arco de Maguerez*.

tizadora (BERBEL, 1999, 2012), ao passo que o PBL é conectado às filosofias educacionais de Dewey e Brunner (DECKER; BOUHUIJS, 2009).

As diferenças começam pela origem; o PBL surge em 1960 no cenário acadêmico canadense na MacMaster University e chega ao Brasil na década de 1990, também nos currículos das escolas médicas. A Metodologia da Problematização originou-se da experiência realizada por Charlez Maguerez durante seis anos de trabalho na formação de profissionais analfabetos para exercerem ofícios em minas, na agricultura ou na indústria em países da África e da Europa. Essa experiência foi publicada na França em 1966 no livro cujo título é *La promotion technique du travailleur analphabete*. Bordenave e Pereira, em 1982, difundiram os estudos de Maguerez baseados no relatório de consultoria prestada no Brasil em 1970, que apresenta o diagnóstico do treinamento de técnicos do Serviço de Extensão Rural do estado de São Paulo. No Brasil, a Metodologia da Problematização foi difundida, conforme já mencionado, pelos estudos de Berbel (1995, 1996, 1998a, 1998b, 1999, 2012).

Verifica-se que a proposta de Maguerez, em 1966 (Figura 2.1), é formada pelo esquema de progressão pedagógica (Arco), que visa ao desenvolvimento do raciocínio do aprendiz. No esquema foi apresentada a dinâmica do processo de ensino de Charlez Maguerez, que se inicia com a observação da realidade (OR), depois a observação da maquete que simboliza a realidade (OM), na sequência discutem-se os conteúdos (DS), ato contínuo se executa a maquete (EM) cujo objetivo é apresentar valores aos símbolos e por fim a execução da realidade (ER). Conforme descreve Berbel (2012, p. 35), "[...] as fases de observação e de execução sobre a maquete têm a finalidade de garantir a ligação entre o esquema (do conteúdo) e o real, entre o símbolo e o objeto [...] cada sequência forma um todo". Neste momento, não há menção se o problema é formulado pelos alunos ou pelos monitores. A aplicação do método nas quatro primeiras fases acontece em sala de aula e a última é aplicada à realidade de trabalho real ou laboratorial.

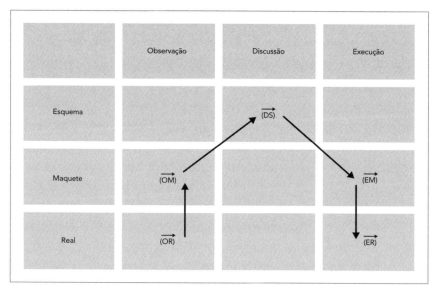

Figura 2.1 *Representação do método do arco de Charlez Maguerez.*
Fonte: Berbel (2012).

O arco apresentado na Figura 2.2 foi adaptado por Berbel (1995) da obra de Bordenave e Pereira (1982), cuja ação parte da observação da realidade associada a um contexto de ensino.

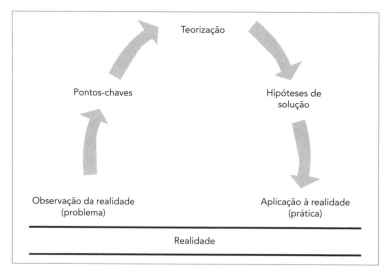

Figura 2.2 *Arco de Maguerez adaptado de Bordenave e Pereira (1982).*
Fonte: Berbel (2012).

Para Decker e Bouhuijs (2009), na fase da observação da realidade inicia-se o processo de ensino e aprendizagem, permeado pelas experiências de vida dos alunos e da escolha do problema real percebido pela observação direta da realidade em foco. Os pontos-chave são os fatores ou aspectos mais importantes que envolvem o problema real; na teorização analisam-se a estrutura e a causa do problema; na sequência, a fase das hipóteses de solução é alicerçada pela questão "o que fazer para resolver o problema?"; e a última etapa é a da aplicação na realidade, onde são propostas práticas concretas para resolver o problema. Neste momento, faz-se uma nova inserção do aluno no contexto real, de modo a interagir com a sociedade por meio de atitudes concretas que a resolução do problema promoveu.

Entre as similaridades das abordagens de ensino verifica-se que ambas têm o aluno como sujeito ativo no processo de construção do conhecimento e valorizam a experiência e o contexto, pois utilizam problemas reais que são considerados como eixo principal, motivacional e contextual da aprendizagem (DECKER; BOUHUIJS, 2009). Ao comparar os objetivos educacionais, que são os propósitos e os valores do processo de ensino-aprendizagem que permeiam a promoção do conhecimento em cada metodologia, verifica-se que a Metodologia da Problematização tem por objetivo:

> [...] a mobilização do potencial social, político e ético dos alunos, que estudam cientificamente para agir politicamente, como cidadãos e profissionais em formação, como agentes sociais que participam da construção da história de seu tempo, mesmo que em pequena dimensão (BERBEL, 1998a, p. 145).

Nessa abordagem, o autoconhecimento e a autorreflexão são considerados como elementos-chave que motivam o processo de "ação-reflexão-ação" da realidade que permeia o ensino e a aprendizagem dos alunos. A aquisição de conhecimento ocorre por meio da compreensão, da reflexão e da crítica, e não pela memorização de conteúdos. Dessa forma, a Metodologia da Problematização, ao ser utilizada no ensino superior brasileiro, visa formar indivíduos "para tomar consciência de seu mundo e atuar intencionalmente para transformá-lo, sempre para melhor, para um mundo e uma sociedade que permitam uma vida mais digna para o próprio homem" (BERBEL, 1998a, p. 144).

Com base na perspectiva construtivista, o PBL enfatiza o desenvolvimento do pensamento crítico, o aprender a aprender e o trabalho em equipe, e propõe formar profissionais com habilidade de resolver problemas em situação de mudanças e não rotineiras. Os objetivos direcionam os alunos a desenvolver uma abordagem sistemática para a solução de problemas da vida real, a adquirir conhecimento em diversas áreas de forma integrada, a desenvolver a aprendizagem autônoma e contínua, o trabalho em equipe e a capacidade de identificação de pontos fortes e fracos por meio da autorreflexão e autoavaliação (HADGRAFT; HOLECEK, 1995; DECKER; BOUHUIJS, 2009).

Os protagonistas do processo de ensino-aprendizagem são os estudantes e o(s) professor(es). O aluno assume o centro do processo de ensino-aprendizagem, pois é o sujeito ativo no processo de construção do conhecimento tanto na Metodologia da Problematização quanto no PBL. Por outro lado, o professor assume diferentes papéis enquanto tutor e facilitador do processo de ensino-aprendizagem em cada abordagem. Na Metodologia da Problematização, o professor é facilitador e participante, sendo ele o responsável pela condução do processo de ensino-aprendizagem. Interage, discute, ajuda e caminha ao lado do aluno na identificação, definição, descrição, seleção e resolução do problema. A educação acontece por meio da reflexão, do diálogo e da troca de experiência entre o professor e o aluno em que ambos compartilhem o processo de construção do conhecimento (BERBEL, 1998b; CYRINO; TORALLES-PEREIRA, 2004; DECKER; BOUHUIJS, 2009).

No PBL o professor, igualmente, é denominado de tutor, pois permite que os alunos de forma autônoma e independente se apropriem do problema, sem impor seus métodos e técnicas de trabalho para solucionar o problema. Estimula o aluno a encontrar as respostas por meio da pesquisa, que envolve discussão em grupo, leituras, consultas a especialistas e demais técnicas de pesquisa científica. Visa desenvolver nos alunos as habilidades do pensamento crítico, da metacognição e de resolução de problemas, respeitando a forma como cada aluno aprende e de forma a contribuir para uma aprendizagem autônoma e independente cujo objetivo é formar futuros profissionais autodirecionados, isto é, ajuda os alunos a desenvolverem para a vida e para a prática profissional a gestão do próprio aprendizado e a habilidade de aprender a aprender (BARROWS, 1992 apud DECKER; BOUHUIJS, 2009).

A Metodologia da Problematização parte do pressuposto de que uma pessoa só conhece algo quando o transforma, isto é, deverão ocorrer a participação ativa do aluno no processo de ensino-aprendizagem e o diálogo entre o professor e o aluno para alcançar o conhecimento. O potencial intelectual do aluno é trabalhado por meio de problemas reais, extraídos e percebidos por meio da observação direta da realidade em foco.

Verifica-se no Quadro 2.2 que ambas as metodologias compartilham de elementos da aprendizagem ativa, embora sejam originadas em diferentes contextos econômico, social e cultural.

Elementos	Metodologia da Problematização	Problem Based Learning
Base teórica	Concepção histórico-crítica da educação – Pedagogia da liberdade.	Democratização. Escola nova / Ativa. Cognitivismo.
Autores	Paulo Freire e Neusi Berbel.	John Dewey e Howards Barrows.
Instituição	Parcial: professores e alunos.	Inclui toda a instituição/curso.
Recursos materiais	Não exige mudanças e investimentos gerais, só da postura do professor.	Exige mudanças e investimentos.
Estrutura	Menos estruturado com papéis dos participantes pouco definidos. Trabalho geralmente em grupo.	Muito estruturado e rígido. Papéis dos participantes bem definidos. Rígido no uso do tempo. Trabalho em grupo e individual.
Etapas do processo	1. Observação da realidade; 2. Identificação dos pontos-chave; 3. Teorização; 4. Hipóteses de solução; e 5. Aplicação à realidade.	1. Apresentação do problema; 2. Esclarecimentos sobre o problema; 3. Análise do problema; 4. Apresentação das hipóteses; 5. Formulação dos objetivos da aprendizagem; 6. Identificação das fontes de informações e busca de novos conhecimentos; e 7. Síntese dos conhecimentos e revisão das hipóteses.
Problemas	Elaborados pelos professores e alunos a partir da realidade.	Elaborados por professores tendo em conta todo o currículo.
Definição e análise do problema	Mais livres, correspondendo à observação realizada pelo grupo.	Bem definidos anteriormente à aplicação e fechados.
Hipóteses de Solução	Revisão do conhecimento científico, social, político e econômico.	Revisão do conhecimento inicial com base no conhecimento científico obtido.

Elementos	Metodologia da Problematização	*Problem Based Learning*
Aplicação da realidade	Busca-se a transformação de uma realidade.	Visa mais ao exercício intelectual e desenvolvimento de habilidades.
Tamanho dos grupos	Até 30 alunos.	Até 12 alunos.
Papéis no grupo	Não há distribuição fixa de papéis.	Tutor/Facilitador/Professor, Coordenador, Relator, Secretário.
Capacitação do professor	Exige estudo e aperfeiçoamento permanente.	Exige capacitação em grupo e aperfeiçoamento permanente.
Possibilidades	Construção do conhecimento a partir da aproximação com a realidade.	Desenvolvimento de habilidades cognitivas e trabalho em grupo; Desenvolvimento intelectual; e Constrói conhecimentos a partir de outros já estabelecidos.
Limites	Exige realidade social a ser observada.	Exige mudanças institucionais e recursos materiais.
Avaliação	Avalia conhecimentos científicos e percepções do contexto social.	A avaliação ocorre no decorrer de todo o processo e ao fim de cada módulo, conforme estabelecido para o grupo.

Quadro 2.2 *Diferenças e semelhanças entre a Metodologia da Problematização e o PBL.*

Fonte: Bez, Vicari e Flores (2012, p. 153-154).

O PBL tem sido utilizado em diversos países e se desenvolveu sobre uma abordagem educacional que permite a sua aplicação em muitos e diferentes áreas de conhecimento, seja por meio da proposta curricular do curso ou em disciplina isolada como metodologia de ensino. A Metodologia da Problematização tem sido considerada apenas para temas que tenham um conteúdo social e político, em que teria resultados mais efetivos se comparada ao PBL. Para Berbel (1995, p. 13; 2012, p. 71), as duas abordagens se distinguem

> [...] na perspectiva da "trans-form-ação", ou seja, na ideia de que se deseja ultrapassar a forma já existente de se tratar as questões do conhecimento e da vida em sociedade, por meio de uma nova ação, subsidiada pela reflexão metódica e informada cientificamente.

Para a pesquisadora, o processo é semelhante à metodologia da pesquisa, e as duas abordagens têm por objetivo resolver um problema. Busca-se entendê-lo e fundamentá-lo por meio da discussão em grupo, na qual são elaboradas as hipóteses de solução que são colocadas em prática para serem comprovadas e validadas. Porém, as diferenças entre os dois métodos são apresentadas em três perspectivas: a sua concepção, o ponto de partida e o ponto de chegada (BERBEL, 1995).

No tocante à concepção, o PBL se aproxima das ideias do filósofo e educador John Dewey e é o método mais característico da Escola Nova ou Escola Ativa, ao lado do Método do Projeto, o Método da Descoberta e do Estudo do Meio (BERBEL, 1995).

No PBL, o problema é apresentado como ponto de partida aos alunos pelo professor, e na Metodologia da Problematização formulam-se os problemas pela observação da realidade, em que os fatos reais são observados pelos alunos e professores que extraem os problemas. O ponto de chegada, no PBL, é o resultado do problema que foi alcançado pelos alunos por meio de pesquisa, discussão com professores, colegas, e, ainda, com outros profissionais; os alunos formulam as hipóteses diagnósticas e de solução e assim completa-se o processo de estudo. Na Metodologia da Problematização, com o Arco de Maguerez, retorna a realidade com sugestões, informações e ações efetivas (BERBEL, 1995, 1998a, 2012).

SUGESTÕES DE LEITURA:

Para complementar a leitura sobre o PBL *versus* a Metodologia da Problematização, sugere-se:

- DECKER, I. R.; BOUHUIJS, P. A. J. Aprendizagem baseada em problemas e metodologia da problematização: identificando e analisando continuidades e descontinuidades nos processos de ensino-aprendizagem. In: ARAÚJO, U. F.; SASTRE, G. (Orgs.). *Aprendizagem baseada em problemas no ensino superior.* São Paulo: Summus, 2009. p. 177-204, 2014.

- BEZ, M. R.; VICARI, R. M.; FLORES, C. D. Métodos ativos de aprendizagem: simulador de casos clínicos – Simdecs. *RETEME*, São Paulo, v. 2, n. 2, p. 146-166, jan./jun. 2012. Disponível em: <http://www.researchgate.net/publication/259640778 _ METODOS_ATIVOS_DE_APRENDIZAGEM_simulador_de_casos_cl%27inicos-SimDeCS>. Acesso em: 30 jan. 2015.

03

HISTÓRIA, CARACTERÍSTICAS, ELEMENTOS E O PROCESSO DO PBL

3.1 História do PBL: do mundo para o Brasil

No Canadá, em 1966, um grupo de aproximadamente 20 professores de diversas partes do mundo, liderados por John Evans, desenvolveu, na McMaster University, um programa de aprendizagem denominado *Problem Based Learning*, que passou a ser difundido pelo mundo em diversas universidades, principalmente nos cursos de Medicina. Evans foi impulsionado pela missão de "formar pessoas inventivas que tomem a inovação como responsabilidade própria"; inspirado pelos passos de James Anderson, que foi o pioneiro na aprendizagem dirigida e iniciou o uso de problemas no processo de ensino-aprendizagem na Medicina baseado no método de casos de ensino da escola de Direito da Universidade de Harvard, Estados Unidos (EUA), na década de 1920; e abalizado no modelo curricular fundamentado em sistemas que foi desenvolvido na década de 1950, pela Case Western Reserve University, em Cleveland, Ohio, EUA (BRANDA, 2009).

Com base nas propostas desenvolvidas na McMaster, um pequeno grupo, incluindo Harm Tidden, Wynand Wijnen e Jean (Sjeng) Tans, da Universiteit Maastricht, na Holanda, começou a atuar com o PBL na Faculdade de Medicina em 1976, e depois abriu novas faculdades, como a de Ciência e Saúde em 1980, todas alicerçadas pelo PBL. O objetivo da universidade era garantir que os alunos adquirissem as competências necessárias para sua futura carreira profissional, por meio de um ensino ativo em que os estudantes assimilem "os conhecimentos, as habilidades, as atitudes e a conduta profissional de forma significativa e em um contexto realista" (DEELMAN; HOEBERIGS, 2009, p. 81).

Segundo Hillen, Scherpbier e Wijnen (2010), o PBL desenvolve atitudes que visam preencher a lacuna entre o ensino e a prática profissional de modo que melhorem as habilidades de comunicação. Assim, a filosofia educacional nessa universidade está pautada em quatro elementos: problema (inter-relacionar as disciplinas); desenvolvimento de atitudes (desenvolver a percepção em relação aos componentes interpessoais e emocionais); aumento do envolvimento dos alunos durante o curso; e a avaliação progressiva (exames de final de ano).

A Universidade de Linköping, na Suíça, buscou dar uma nova abordagem para a Faculdade de Ciência e Saúde, que iniciou a mudança em 1986, em que o PBL foi introduzido como pilar fundamental do curso. A universidade, em parceria com a prefeitura, realizou visitas a diversas universidades progressistas, entre elas destacam-se: McMaster (Canadá), Maastricht (Holanda) e Ben Gurion (Israel) (DAHLE; FORSBERG; SEGERSTAD; WYON; HAMMAR, 2009).

Na Dinamarca, a Aalborg University há mais de 30 anos utiliza o PBL no ensino de Engenharia; em parceria com a United Nations Education, Scientific and Cultural Organization (UNESCO) surge o movimento denominado de UNESCO *Chair in Problem Based Learning* (UCPBL), o qual é membro do Global University Network of Innovation e tem por objetivo criar uma sociedade global de pesquisadores e acadêmicos que trabalhem com o PBL. Entre as suas atribuições, o UCPBL oferta na modalidade de ensino a distância o curso de Mestrado em *Problem Based Learning*, além de consultorias, cursos pedagógicos, minicursos e *workshops*.

As Sociedades das Escolas Médicas recomendam que as faculdades e escolas de Medicina da África, da Ásia e da América Latina utilizem o PBL (BERBEL, 1998a). Assim, em meados da década de 1990, várias instituições brasileiras adaptaram o currículo dos cursos de Medicina, com destaque para a Faculdade de Medicina de Marília, SP, que implantou o método no curso de Medicina, em 1997, e no curso de Enfermagem, em 1998, e o curso de Medicina da Universidade Estadual de Londrina, PR, que o adotou em 1998. Nassif (2010), ao relacionar a metodologia das Escolas Médicas brasileiras, no ano 2010 encontrou 37 instituições que promoviam o ensino por meio do PBL (23%) e quatro (3%) IES que utilizam o sistema híbrido de ensino, mesclando o PBL e o método tradicional de ensino.

A Faculdade de Medicina da Universidade de Hong Kong mudou o currículo do modelo tradicional para um currículo predominantemente consubstanciado em PBL, em 1997. O objetivo ao adotar o PBL foi o de ampliar o pensamento crítico nos alunos e a capacidade de aprendizagem ao longo da vida, e estabeleceu-se simultaneamente ao PBL o idioma inglês como segunda língua para ajudar os estudantes a desenvolverem as habilidades de discussão do *Problem Based Learning*. Desde então, outras universidades asiáticas começaram a incluir elementos do PBL em seus currículos; entre elas destaca-se a National University of Singapore (LEGG, 2007).

Em 2005, o PBL torna-se o pilar para o surgimento da Escola de Artes, Ciências e Humanidades (EACH) da Universidade de São Paulo, conhecida como USP Leste; destaca-se que a região escolhida para o *campus* apresenta 4,5 milhões de habitantes, possui o Índice de Desenvolvimento Humano mais baixo da cidade de São Paulo, SP, e uma grande ausência de infraestrutura social, fatos estes que se inserem no projeto acadêmico da USP Leste. Os eixos de sua missão política, social e científica estão atrelados à inovação e ao estabelecimento de vínculos com a comunidade. A inserção da comunidade acadêmica na sociedade proporciona aos alunos o desenvolvimento de responsabilidade e de preocupação com a cidadania, com intuito de buscar soluções para os problemas sociais. Assim, promove maior articulação entre os conhecimentos científicos e os interesses cotidianos da maioria da população.

A EACH oferta dez cursos de diferentes áreas do conhecimento: ciências da atividade física, gerontologia, gestão ambiental, gestão de políticas públicas, lazer e turismo, ciências da natureza, marketing, obstetrícia, sistema de informação e têxtil e moda. Para sugerir o PBL como uma das propostas para a organização curricular do *campus* foram visitadas as Universidades de Aalborg e de Maastricht. Assim, a matriz de organização dos trabalhos em resolução de problemas adotada articula o PBL com a Aprendizagem Orientada por Projetos (ARAÚJO; ARANTES, 2009). Desta forma, o modelo de PBL adotado pela EACH apresenta um caráter singular:

> [...] insere-se como uma parte do currículo, articula com disciplinas tradicionais específicas e outras interdisciplinares. [...] os processos acadêmicos de resolução de problemas da EACH envolvem grupos de estudantes que atuam da seguinte maneira: identificando problemas na realidade científica e cotidiana; discutindo um problema particular; utilizando seus próprios conhecimentos e experiências, com o auxílio de professores e outros meios, na busca de respostas para o problema abordado; levantando uma série

> de hipóteses que podem explicar e resolver o problema; procurando investigar as hipóteses apontadas e apontar possíveis respostas e/ou soluções; e no final do processo, preparando um relatório acadêmico contendo reflexões teóricas e análises sobre o problema estudado e socializando os resultados do projeto desenvolvido como o coletivo da classe (ARAÚJO; ARANTES, 2009, p. 107).

Esta proposta de trabalho como PBL implantado na USP Leste é a base da abordagem utilizada na disciplina de "Solução de Problemas em Controle Gerencial", que está detalhada no Capítulo 6 desta obra.

No Brasil, as pesquisas na área de PBL expandiram-se a partir do século XXI, tendo seu apogeu após 2008 em diversas áreas do conhecimento, tais como: Administração, Bioquímica, Direito, Educação, Engenharias, Física, Geografia, Matemática, Medicina Veterinária, Odontologia, Psicologia, Química e, inclusive, Contabilidade.

3.2 História do PBL: da Medicina para a Contabilidade

Entre as pesquisas internacionais que envolvem a aplicação do PBL nas disciplinas ou no currículo do curso de Ciências Contábeis, destacam-se a de Johnstone e Biggs (1998), que introduziram e analisaram o PBL como um método de ensino que incorpora as experiências reais na realidade acadêmica, apresentaram as vantagens e as desvantagens do PBL e realizaram sugestões de implantação do PBL em currículos do curso de contabilidade.

Estes pesquisadores norte-americanos, oriundos da University of Wisconsin e da University of Connecticut, visavam propor o PBL como parte da estrutura curricular cuja proposta é inseri-lo no último ano, com no mínimo de 150 horas, contido no programa acadêmico dos cursos de contabilidade. O intuito era de integrar a informação contábil, a experiência prática e a habilidade de aprender a aprender ao longo da vida, como forma de auxiliar na formação de competências contábeis dos futuros profissionais, conforme exigido pela Accounting Education Change Commission.[1] Os autores enfati-

---

[1]   A Accounting Education Change Commission foi criada em 1989 pela American Accounting Association, que representa as maiores empresas de contabilidade pública dos EUA, cujo objetivo é promover melhorias na formação acadêmica dos contadores de modo que os futuros profissionais contábeis possuam habilidades, conhecimentos e atitudes necessárias para trilhar o caminho do sucesso da carreira contábil (AECC, 1990).

zam que o PBL deve ser implementado após o aluno adquirir os conhecimentos básicos de contabilidade, incentivam o uso de abordagens inovadoras para ensinar as habilidades de resolução de problemas e o corpo docente composto por pessoas dotadas de conhecimento técnico especializado.

Breton (1999), por meio de um quase experimento com duração de 15 semanas na disciplina de teoria da contabilidade com alunos do curso de bacharelado em Ciências Contábeis da Université du Québec em Montréal, no Canadá, teve por objetivo comparar o desempenho dos alunos que foram expostos ao método tradicional de ensino (aulas expositivas) em relação à *performance* dos alunos que tiveram o mesmo conteúdo com a abordagem do PBL. Constatou-se que os resultados do PBL foram melhores em relação ao grupo de alunos que participaram das aulas expositivas, pois os alunos de PBL demonstraram ter mais consciência das habilidades e do conhecimento adquirido, além de ampliar a capacidade dos alunos de resolver problemas não estruturados, os quais não apresentam uma única solução.

Na Nova Zelândia, Milne e McConneell (2001) realizam um levantamento teórico sobre o desenvolvimento do PBL, partindo da experiência no ensino de Medicina. Verificaram que essa abordagem é eficaz no desenvolvimento acadêmico de comportamentos de aprendizagem autodirigida, proporciona melhoria no nível de motivação e nas habilidades de raciocínio dos discentes. Entre os resultados, a pesquisa aponta o PBL como a ponte entre o estudante de Ciências Contábeis e a vida profissional.

James Hansen, pesquisador norte-americano da universidade de Minnesota State University Moorhead, descreve o processo de escrever um problema por meio da abordagem PBL. Demonstra como um problema de contabilidade típico de final de capítulo pode ser convertido para um problema em PBL. O trabalho utilizava três problemas na área de auditoria cujo objetivo era desenvolver nos alunos experiências práticas para torná-los aptos a realizarem os procedimentos de auditoria (HANSEN, 2006).

Pesquisadores australianos Wilkin e Collier (2009) investigaram uma "nova pedagogia" que utiliza problemas reais simulados em um cenário empresarial autêntico cujo objetivo é preparar o aluno de Ciências Contábeis para exercer um papel mais amplo na tomada de decisão empresarial, proporcionando conhecimento robusto. Realizaram estudo de casos múltiplos (três) com o propósito de criar artefatos que envolvam o uso de um sistema empresarial que apoie essa proposta. Os estudos de casos investigados utilizaram o PBL no ensino de contabilidade, mostrando que os conceitos podem ser aplicados com sucesso tanto em turmas com poucos alunos como em grandes turmas. Afirmam que a infraestrutura tecnológica empresarial deve fazer parte intrinsecamente da educação contábil.

Em 2009, Silva defendeu na Universidade de Aveiro, em Portugal, a dissertação intitulada *As tecnologias da informação e comunicação e o ensino da contabilidade*, cujo objetivo foi averiguar o efeito das tecnologias da informação e comunicação por meio do PBL, na aquisição de competências e na aprendizagem ativa ao longo da vida do futuro profissional de contabilidade. Na disciplina de Simulação Empresarial, os alunos são expostos a ambiente que simula o mercado de trabalho, e realizam um conjunto de atividades que lhes permitem uma transição entre a vida acadêmica e a profissional com a utilização das tecnologias da informação e comunicação, havendo um ganho tanto didático quanto motivacional.

Encontram-se nos trabalhos de Pinheiro, Sarrico e Santiago (2010, 2011a, 2011b) os resultados do estudo de caso realizado na disciplina de Simulação Empresarial do curso de Contabilidade ministrada no Instituto Superior de Contabilidade e Administração da Universidade de Aveiro, em Portugal, que utiliza o PBL para proporcionar aos alunos uma abordagem integradora entre o ensino de contabilidade e o ambiente de trabalho. No estudo publicado em 2010, os pesquisadores visavam fornecer pontos de apoio para a discussão teórica sobre a aquisição de competências dos alunos ao utilizarem o metódo PBL no ensino superior em contabilidade.

Entre os resultados encontrados, destaca-se que na visão dos docentes os alunos desenvolvem capacidade de liderança e de dinamismo no método PBL. Os alunos apresentaram posição mais positiva do método, revelando uma maior aproximação com o quadro teórico. Por outro lado, no estudo foram observadas divergências entre a literatura e a expectativa criada pelos empregadores em relação ao conjunto de competências sociais essenciais a serem desenvolvidas na academia que permitam ao recém-formado integrar o mercado de trabalho em Portugal (PINHEIRO; SARRICO; SANTIAGO, 2010).

O objetivo da segunda pesquisa foi investigar o papel do PBL no desenvolvimento de competências pessoais dos alunos. Entre os achados, destaca-se que, na visão dos alunos, dos docentes e dos egressos, o PBL contribui para o desenvolvimento de competências pessoais e para a construção do conhecimento, porém os empregadores não reconheceram a metodologia do PBL como responsável, pelo menos de forma direta, por uma melhoria nas competências pessoais. A terceira pesquisa teve por objetivo averiguar a atuação dos discentes e docentes ao utilizar o PBL, e verificou-se que os estudantes ainda esperam respostas prévias elaboradas pelos docentes, e que tanto docentes quanto discentes precisam se destituir de seus papéis tradicionais no processo de ensino-aprendizagem (PINHEIRO; SARRICO; SANTIAGO, 2011a, 2011b).

Manaf, Ishak e Hussin (2011) compartilharam a experiência realizada ao ensinarem Princípios de Contabilidade Financeira pelo método híbrido envolvendo PBL no Malaysian Institute of Accountants, cujos objetivos da pesquisa foram: documentar como o PBL foi desenvolvido na sala de aula; comparar o desempenho acadêmico dos alunos que participaram das aulas com a metodologia do PBL com os não participantes; e investigar a percepção dos estudantes quanto aos benefícios do PBL no processo de ensino--aprendizagem. Os resultados mostram que o desempenho dos alunos que participaram das aulas em PBL superou o daqueles que não participaram. Os alunos concordaram que o PBL ajuda a desenvolver o trabalho em equipe, a comunicação, o espírito de liderança e as habilidades sociais, e concordam também que o PBL é uma abordagem metodológica a ser utilizada no ensino de contabilidade, porém observaram que é um método adequado apenas para os alunos que possuem algum conhecimento prévio de contabilidade.

A pesquisa de Stanley e Marsten (2012) investiga a necessidade de aplicação do PBL nos cursos de contabilidade. Entre os achados, enfatizam que a implantação do PBL é um processo demorado, especialmente na fase de desenvolvimento, porque é um método novo no ensino de contabilidade. Destacam que alguns professores não gostam de estar nesse ambiente menos controlado e diferente e que a IES precisa apresentar um suporte institucional para o desenvolvimento das aulas em PBL, pois a exigência é bastante diferente do sistema convencional.

São elencadas a seguir as principais pesquisas brasileiras envolvendo o PBL em disciplinas dos cursos de bacharelado em Ciências Contábeis nas universidades brasileiras. Salienta-se que a pesquisadora Adriana Maria Procópio de Araújo,[2] desde 2006, vem desenvolvendo conjuntamente com demais pesquisadores brasileiros estudos sobre a inserção do PBL na área

---

[2] É professora doutora do Programa de Pós-Graduação em Controladoria e Contabilidade do Departamento de Contabilidade e Atuária, da Faculdade de Economia, Administração e Contabilidade,

contábil. No seu primeiro trabalho em parceria com a pesquisadora Edna de Almeida Rodrigues,[3] apresentado no 6º Congresso USP de Controladoria e Contabilidade e publicado em 2007 na *Revista de Educação da Anhanguera Educacional*, seu objetivo foi testar se o método PBL é aplicável às disciplinas da Contabilidade. A pesquisa empírica ocorreu em dois grupos de alunos, sendo o primeiro grupo formado por estudantes do quarto período na disciplina Contabilidade Geral e o segundo por alunos do sexto período na disciplina de Contabilidade Gerencial do curso de Administração de uma IES particular do estado de São Paulo. O estudo teve por resultado a comprovação da eficiência do método e de sua aplicabilidade às disciplinas, porém devem ser observados os recursos disponíveis e o conteúdo básico a ser ensinado previamente (ARAÚJO; RODRIGUES, 2006; RODRIGUES; ARAÚJO, 2007).

A referida pesquisadora orientou dissertação, defendida em 2008, cujo título é *Aplicação do Método de Ensino PBL no curso de Ciências Contábeis: um estudo empírico*, de autoria de Mara Alves Soares, que ampliou o campo das pesquisas sobre PBL na contabilidade. A disseminação da pesquisa deu origem a dois novos trabalhos sobre PBL das pesquisadoras (Adriana e Mara): o primeiro foi o artigo "Aplicação do Método de Ensino *Problem Based Learning* (PBL) no Curso de Ciências Contábeis: um estudo empírico" apresentado e premiado no 2º Congresso da ANPCONT na área de Educação e Pesquisa em Contabilidade, realizado na cidade de Salvador, BA, em junho de 2008; e o segundo com participação de Edvalda Araújo Leal, cujo título é "Evidências Empíricas da Aplicação do Método *Problem based Learning* (PBL) na Disciplina de Contabilidade Intermediária do Curso de Ciências Contábeis", foi exposto no XXXII Encontro da Associação Nacional de Pós-Graduação e Pesquisa em Administração (EnANPAD) na cidade do Rio de Janeiro, RJ, em setembro de 2008. Este último também foi publicado em 2012 como capítulo do livro *Didática para o ensino nas áreas de administração e Ciências Contábeis*, de Camila Lima Coimbra.

Esse conjunto de pesquisas investigou a implementação do PBL como metodologia de ensino-aprendizagem no curso de Ciências Contábeis. O

---

da Universidade de São Paulo *campus* Ribeirão Preto (PPGCC/FEA-USPRP) e desenvolve pesquisas na área de ensino contábil e em contabilidade gerencial.

[3]   É mestre em Engenharia de Produção e Diretora de Unidade Assistente da Faculdade Anhanguera de Brasília. Desenvolve pesquisas voltadas para o Ensino Superior em Administração, especialmente sobre os temas: ensino superior, metodologias de ensino superior, educação a distância (EaD), gestão universitária, entre outras.

primeiro é a disseminação dos resultados encontrados na dissertação em que a investigação aconteceu com os alunos de Ciências Contábeis da Faculdade de Economia, Administração e Contabilidade da USP, *campus* Ribeirão Preto, e entre os resultados destaca-se que os estudantes admitiram alavancar seu conhecimento na área, adquiriram capacidade para resolução de problemas, melhoram a comunicação, desenvolveram habilidades e adquiriram confiança (SOARES; ARAÚJO, 2008).

No segundo artigo, a pesquisa ocorreu com os estudantes do segundo período do Curso de Ciências Contábeis da Faculdade Politécnica de Uberlândia, cujos resultados apontam que o conhecimento proposto foi alcançado satisfatoriamente pelos estudantes, que demonstraram aceitabilidade à aplicação do método PBL, o qual possibilitou o desenvolvimento de habilidades para a resolução de problemas e comunicação (SOARES; ARAÚJO; LEAL, 2012).

As pesquisadoras Adriana Maria Procópio de Araújo e Mara Alves Soares, em parceria com as pesquisadoras Marian Simões Ferraz do Amaral e Vilma Geni Slomski, participaram em fevereiro de 2010 do Congresso Internacional de PBL, que aconteceu na USP, São Paulo, SP. Apresentaram o artigo intitulado "Aplicação do método Problem Based Learning (PBL) no curso de especialização em Controladoria e Finanças". O objetivo da pesquisa foi relatar a aplicação do método PBL como metodologia na disciplina Controladoria no curso de especialização (*lato sensu*) em uma IES do estado de São Paulo. Entre os resultados encontrados, a pesquisa aponta total aderência ao método PBL e sua superioridade, se comparado com métodos tradicionais de ensino aplicados na mesma disciplina em turmas anteriores (ARAÚJO et al., 2010).

Pesquisadores da Universidade Federal do Rio de Janeiro, em 2009, publicaram na revista *Contabilidade Vista & Revista* o artigo "Aprendizagem baseada em problemas: o que os médicos podem ensinar aos contadores". A pesquisa teve por objetivo coletar e analisar a percepção de alunos de contabilidade sobre a aplicabilidade no método PBL na área contábil. Participaram 15 alunos voluntários da disciplina de Contabilidade de Custos II de uma IES pública. Os resultados apontam que o método PBL na percepção dos discentes é mais rico, mais dinâmico e oferece mais autonomia na aprendizagem do que o método tradicional de ensino. Os pesquisadores observaram que na visão dos alunos existem mais vantagens do que desvantagens no método PBL aplicado à contabilidade. Além disso, afirmam que o método

PBL exige uma postura muito mais atuante dos discentes e que a adoção do PBL nas IES públicas encontra forte barreira devido ao escasso recurso financeiro e à necessidade de maiores investimentos na infraestrutura das IES, na preparação do docente e na aquisição de equipamentos tecnológicos (SIQUEIRA et al., 2009).

O pesquisador Valdomiro Benjamim Junior, sob orientação da professora doutora Silvia Pereira de Castro Casa Nova,[4] em sua dissertação de mestrado investigou a teoria da complexidade na contabilidade por meio do estudo da aprendizagem baseada em problemas. A disseminação dos resultados da pesquisa ocorreu no 12º Congresso USP de Controladoria e Contabilidade, no ano de 2012. O objetivo da pesquisa foi a verificação da efetividade da aplicação da Abordagem Baseada em Problemas (ABP) como abordagem complexa no ambiente educacional em Contabilidade de Custos e investigou os ganhos de autonomia, de aprendizagem e de habilidade em solução de problemas pelos discentes. Apresenta-se, por resultado da pesquisa, o aumento desses elementos para os alunos expostos a ABP e que a ABP não substitui as metodologias tradicionais de ensino, mas, sim, que seja utilizada como um poderoso complemento (BENJAMIM JUNIOR, 2011; BENJAMIM JUNIOR; CASA NOVA, 2012).

Salienta-se que na área de Controle Gerencial o pesquisador doutor Fábio Frezatti[5] coordena o grupo de pesquisa *Problem Based Learning* (PBL) em Controle Gerencial e utiliza como método de ensino o PBL na disciplina optativa Solução de Problemas em Controle Gerencial, código EAC 557, ofertada desde 2011 para os alunos do curso de bacharelado em Ciências Contábeis e, em 2013, também para os estudantes de Ciências Atuariais da Faculdade de Economia, Administração e Contabilidade da Universidade de São Paulo. Em 2012, em parceria com Sidnei Celerino da Silva, relataram a experiência por mcio do artigo "Prática *versus* incerteza: como gerenciar o aluno nessa tensão na implementação de disciplina sob o prisma do método PBL?" que foi

---

[4] É professora do Programa de Pós-Graduação em Controladoria e Contabilidade do Departamento de Contabilidade e Atuária, da Faculdade de Economia, Administração e Contabilidade, da Universidade de São Paulo (PPGCC/FEA-USP). Atua principalmente nos seguintes temas: educação contábil, ensino de contabilidade, e-Learning, docência no ensino superior, contabilidade, análise por envoltória de dados, análise de balanços, empresas de pequeno porte e gestão financeira para empresas de pequeno porte.

[5] É professor titular do Programa de Pós-Graduação em Controladoria e Contabilidade do Departamento de Contabilidade e Atuária, da Faculdade de Economia, Administração e Contabilidade, da Universidade de São Paulo (PPGCC/FEA-USP). Atua na linha de pesquisa Controladoria e Contabilidade Gerencial com projetos nas áreas de planejamento empresarial, valor da empresa, empresas familiares, avaliação de desempenho e controle gerencial.

apresentado no Congresso Internacional de PBL em Cali, Colômbia, e no 12º Congresso USP de Controladoria e Contabilidade em São Paulo, Brasil. Em 2014, a experiência foi publicada na revista *Universo Contábil*.

Os autores apresentam, por conclusão da experiência em sala de aula com o método PBL, 10 ingredientes-chave para o sucesso na disciplina: o leilão de problemas; o critério de definição do líder; o processo de "alocação" de participantes; expansão e redução no tratamento do problema; escolha da empresa pela acessibilidade aos dados; clareza das normas de formatação e estrutura do projeto e relatório final; formas de acesso e estímulo à literatura; aulas expositivas para direcionamento e reforço das atividades; *check-list* das atividades das sessões tutoriais; e *feedback* das socializações, autoavaliação do processo e de aprendizagem (FREZATTI; SILVA, 2014).

Frezatti, Martins, Borinelli e Espejo, em 2014, apresentaram no International Congress – PANPBL 2014, que aconteceu em Concepción, no Chile, o artigo "PBL: dá para sintetizar a nota de avaliação?" e no XIV Congresso USP de Controladoria e Contabilidade o artigo "Análise do desempenho de alunos na perspectiva do CHA em disciplina utilizando PBL: o que significa a síntese?". Ambos tinham por objetivo identificar as dificuldades existentes na avaliação de alunos envolvidos em curso ministrado a partir da ótica do PBL. Utilizou-se o *action research* por estratégia metodológica; o objeto de estudo foi a turma noturna da disciplina optativa Solução de Problemas em Controle Gerencial, com alunos de graduação em Ciências Contábeis e Ciências Atuariais de uma universidade pública brasileira. Entre os resultados, destaca-se que uma nota sintetizadora do desempenho do aluno não proporcionou uma visão ampla dos fatores desenvolvidos pelo mesmo nas atividades semestrais, pois notou-se que, ao final da disciplina, nem todos os alunos detinham o discernimento para elencar os elementos que originaram a sua aprovação.

Destaca-se que parte deste livro é fruto da pesquisa de mestrado realizada por Daiana Bragueto Martins, orientado pela professora doutora Márcia Maria dos Santos Bortolocci Espejo, entre os anos de 2012 e 2013, apresentada ao Programa de Pós-Graduação em Contabilidade da Universidade Federal do Paraná cujo título é *Avaliação de Habilidades e de Atitudes em Abordagem de* Problem Based Learning *no Ensino de Controle Gerencial*.

A mesma, também, foi disseminada por meio de artigos científicos apresentados tanto no International Congress – PANPBL 2014, que aconteceu em Concepción, no Chile – quanto no VIII Congresso ANPCONT, no Rio de Janeiro em 2014. O artigo "Avaliação de Habilidades e de Atitudes em Abordagem de *Problem Based Learning* no Ensino de Controle Gerencial" teve por objetivo identificar o relacionamento entre os elementos que compõem as habilidades e as atitudes avaliadas pelos discentes em uma disciplina de Controle Gerencial com a abordagem do método de ensino *Problem Based Learning*. Contempla a abordagem quantitativa que ocorreu por meio da estatística descritiva, da análise fatorial e da análise de correspondência múltipla (HOMALS). Os resultados evidenciam a confirmação de que todos os elementos provenientes dessa metodologia pedagógica foram desenvolvidos sob a perspectiva dos discentes e foram agrupados em três fatores. Identificou-se uma forte homogeneidade da amostra no tocante à avaliação dos alunos e que o conjunto de elementos constitutivos das habilidades e das atitudes que foram analisados empiricamente apresentou forte associação (MARTINS; ESPEJO; FREZATTI, 2014).

A pesquisa de Sockalingam, Martins e Frezatti (2014) apresenta uma análise comparativa entre dois modelos de PBL, um na América Latina (modelo de PBL na disciplina Solução de Problemas em Controle Gerencial na FEA-USP) e o outro na Ásia (modelo de PBL aplicado na Republic Polytechnic, em Cingapura), e explora várias questões envolvidas no ato da implementação do PBL. Ao discutir não apenas um, mas dois modelos de PBL e em contextos diferentes, esse trabalho proporciona uma compreensão mais profunda sobre como implantar o PBL de forma eficaz. Além de listar os fatores necessários para a efetiva implementação do PBL e explorar as questões práticas na execução dos diferentes modelos PBL, esse trabalho é útil para a formação de coordenadores de cursos e instrutores interessados em utilizar PBL como um modelo de ensino.

A experiência vivenciada por meio da disciplina optativa Solução de Problemas em Controle Gerencial ministrada na USP, em 2013, está detalhada no Capítulo 6 deste livro.

> **SUGESTÃO DE LEITURA:**
>
> Para conhecer mais sobre a história do PBL, sugere-se:
> * BRANDA, L. A. A aprendizagem baseada em problemas: o resplendor tão brilhante de outros tempos. In: ARAÚJO, U. F.; SASTRE, G. (Orgs.). *Aprendizagem baseada em problemas no ensino superior.* São Paulo: Summus, 2009. p. 205-236.

3.3   Fundamentos do PBL

Schmidt (1983, p. 11) define o PBL como um "método de ensino, que fornece aos alunos conhecimentos adequados para a resolução de problemas". No PBL, o problema é utilizado para iniciar o processo de ensino-aprendizagem e integrar o ensino com os eventos da vida real. Hmelo-Silver (2004, p. 239-240) afirma que os currículos baseados em problemas proporcionam aos alunos experiências dirigidas pelas resoluções de problemas complexos extraídos do mundo real. O aluno é o foco do processo de ensino-aprendizagem e ele é favorecido pela reciprocidade social em que os conhecimentos adquiridos são interpretações do mundo em que vivemos. Em outras palavras, Hansen (2006) afirma que o PBL é um método de ensino em que os alunos participam ativamente e são aprendizes independentes, além de promover a cooperação de todos os membros do grupo para efetivamente resolverem o problema.

Corroborando, o PBL é centrado no aluno ao invés do professor. É uma metodologia de ensino-aprendizagem em que um problema, uma pergunta, um enigma é utilizado para introduzir um novo conteúdo a ser aprendido, direcionar, motivar e focar a aprendizagem. Os estudantes precisam resolvê-los, e para que haja aquisição, comunicação e integração da informação, eles trabalham em equipes. Problemas complexos e reais são abordados com intuito de motivar os alunos a identificarem e pesquisarem os conceitos e os princípios que eles precisam saber para trabalhar com tais problemas. Os alunos aprendem os conceitos no contexto em que irão utilizá-los, de forma a absorvê-los e aplicá-los apropriadamente (DUCH; GROH; ALLEN, 2001; BOUD; FELETTI, 2003; HANSEN, 2006).

No PBL, para que o problema seja resolvido, o aluno utiliza o conhecimento prévio, seus palpites e suas ideias de possível solução. Durante o processo, pode-se desenvolver um inventário do que já se sabe e do que é necessário saber para chegar a uma solução. Sequencialmente, os alunos começam a questionar o professor e/ou os colegas de classe, buscam informações por meio de pesquisas na biblioteca, na Internet ou entrevistando especialistas. Desta forma, no PBL o aluno examina e experimenta o que já sabe, descobre o que precisa para aprender, desenvolve suas habilidades para alcançar níveis de desempenho em equipe, as habilidades de comunicação oral e escrita, e a habilidade de defender com argumentos sólidos e provar suas próprias ideias (SPENCE, 2001).

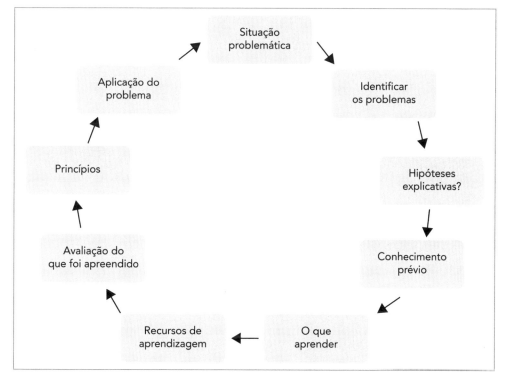

Figura 3.1 *Principais elementos do PBL.*
Fonte: Adaptado de Branda (2009, p. 225).

Para Branda (2009), o PBL visa aproximar o aluno da sua realidade profissional, para isso precisa desenvolver conhecimentos, habilidades e atitudes para resolver um problema. A Figura 3.1 apresenta os principais elementos do PBL. Para Ribeiro (2010), os princípios da aprendizagem que fundamentam o PBL são: motivação epistêmica; interação com a vida real; metacognição; construção do conhecimento; e interação social.

3.4 Objetivos do PBL

No PBL, os estudantes aprendem de forma ativa em um contexto real, ao assimilarem os conhecimentos, as habilidades, as atitudes e a conduta profissional de forma significativa, promovem o desenvolvimento de competências necessárias para sua atuação futura no mercado de trabalho (DEELMAN; HOEBERIGS, 2009). Segundo Hmelo-Silver (2004, p. 240), o PBL tem por objetivo ajudar os alunos a:

- construir uma ampla e flexível base de conhecimentos;
- desenvolver habilidades de resolução de problemas eficazes;
- desenvolver habilidades de aprendizagem autônoma ao longo da vida;
- tornar-se colaboradores efetivos; e
- tornar-se intrinsecamente motivados para aprender.

Os pesquisadores Savery (2006) e Hansen (2006) comungam da mesma proposta apresentada por Duch, Groh e Allen (2001, p. 6), na qual os objetivos do PBL são:

- desenvolver o pensamento crítico e a capacidade de analisar e resolver problemas complexos e reais;
- encontrar, avaliar e utilizar apropriadamente os recursos educativos da aprendizagem;
- trabalhar cooperativamente em equipe e em pequenos grupos;
- demonstrar habilidades comunicacionais; e
- utilizar os conhecimentos e as habilidades intelectuais adquiridas na universidade para a educação continuada.

Hadgraft e Holecek (1995) e Ribeiro (2010) apontam que o PBL, em seu formato original (o currículo), contempla os seguintes objetivos educacionais:

- **Aprendizagem ativa:** por meio de perguntas, o aluno busca respostas;
- **Aprendizagem integrada:** para solucionar o problema faz-se necessário buscar conteúdos e informações já adquiridos por meio do

conhecimento de mundo e das experiências vivenciadas (interdisciplinaridade);

- **Aprendizagem cumulativa:** evolução gradual de problemas mais simples até os mais complexos, que são aqueles geralmente enfrentados por profissionais da área; e

- **Aprendizagem para a compreensão:** retenção de informações mediante a alocação de tempo para a reflexão, *feedback* frequente e oportunidades para praticar o que foi aprendido.

Além disso, o PBL favorece a aquisição de diversas competências essenciais para atuação no mercado de trabalho do futuro profissional (RIBEIRO, 2010, p. 25):

- a adaptabilidade a mudanças;
- a habilidade de solucionar problemas em situações não rotineiras;
- o pensamento crítico e criativo;
- a adoção de uma metodologia sistêmica ou holística;
- o trabalho em equipe;
- a capacidade de identificar pontos fortes e fracos;
- o compromisso com a aprendizagem; e
- o aperfeiçoamento contínuo.

Verifica-se que, ao utilizar o PBL, as IES, os cursos e/ou os professores esperam que os alunos tenham angariado as seguintes atribuições: a capacidade de resolver problemas reais e a construção de uma aprendizagem autônoma que proporcionará o *learn to learn* durante toda a vida, principalmente em sua atuação profissional, a qual necessita de colaboradores efetivos que trabalhem em equipe. O princípio básico do PBL é que o aluno identifique um problema, busque os conhecimentos necessários para respondê-lo e aplique na prática o que aprendeu (DAHLE et al., 2009).

3.5 Características do PBL

Na visão de Schmidt (1983) a aprendizagem é otimizada quando o processo de ensino-aprendizagem auxiliar os alunos a utilizarem e ativarem os conhecimentos prévios, proporcionar um contexto de aprendizagem que se assemelhe ao futuro contexto profissional e estimular os alunos a construírem seu próprio conhecimento. A qualidade do ensino será prejudicada caso uma ou mais condições não aconteçam. Assim, o autor apresenta os três principais elementos que são fundamentais na aquisição de novas informações:

- **ativação do conhecimento prévio**: que é utilizado para entender novas informações;

- **especificidade de codificação**: quanto mais próximo da prática, melhor é o desempenho acadêmico, ou seja, utilizar problemas que possuem características comuns com aqueles que os estudantes encontrarão na vida profissional; e

- **a elaboração do conhecimento ocorre por meio de**: questionário sobre determinado texto; ao realizar anotações; ao discutir o assunto a ser aprendido com outros estudantes; ao ensinar os demais colegas; ao escrever resumos; e ao formular e criticar hipóteses sobre um determinado problema.

Corroborando, Ross (1995, p. 177) afirma que o PBL, mais do que os outros formatos de ensino, reconhece que:

- as pessoas aprendem de maneiras diferentes;

- as pessoas adquirem conhecimento e compreensão relacionando novas ideias, circunstâncias e eventos com o conhecimento já existente e compreendido;

- o entendimento é desenvolvido por meio da aplicação de conhecimentos prévios aos problemas que estejam o mais próximo possível da vida real;

- a aprendizagem é um processo ativo;

- as pessoas aprendem ao refletir sobre suas experiências;

- uma das melhores maneiras de aprender algo é ensiná-lo a outros;

- a compreensão é desenvolvida ao compartilhar ideias com outros alunos; e

- as pessoas precisam ser capazes de experimentar as suas habilidades em um ambiente seguro e não ameaçador.

As seis características apresentadas por Barrows (1996, p. 5-6) também se encontram na pesquisa de Dochy, Segers, Bossche e Gijbels (2003, p. 535):

- **a aprendizagem é centrada no aluno**: os estudantes são responsáveis pela sua própria aprendizagem, identificam o que eles precisam saber para entender melhor e gerenciar o problema no qual estão trabalhando e determinam onde podem obter informação;

- **a aprendizagem ocorre em pequenos grupos de alunos**: os grupos são compostos por cinco a nove estudantes e sob a orientação de um tutor;

- **os professores são facilitadores ou guias**: são pessoas que não ministram aulas expositivas e não passam informações conceituais aos alunos, eles não os informam se os pensamentos estão certos ou errados e não dizem se precisam ler ou estudar. É utilizada a comunicação metacognitiva, ou seja, o tutor questiona os alunos sobre coisas que eles devem estar se perguntando para melhor compreender e gerenciar o problema;

- **os problemas direcionam e estimulam a aprendizagem**: os problemas representam um desafio que os alunos encontram na prática, o que fornece motivação para a aprendizagem. O problema é o foco de integração da informação de várias disciplinas e direciona a aprendizagem, pois é apresentado ao aluno antes que ocorra qualquer preparação ou estudo;

- **os problemas são um veículo para o desenvolvimento da prática profissional**: os problemas devem ser representados da mesma forma em que ocorrem no mundo real, pois são utilizados como uma ferramenta para que os alunos alcancem os conhecimentos necessários e desenvolvam as habilidades demandadas para a resolução dos problemas;

- **as novas informações são adquiridas por meio da aprendizagem autônoma**: os alunos devem aprender a partir do seu conhecimento de mundo e experiências acumuladas em virtude de seu próprio estudo e pesquisa, assim como os profissionais o fazem no seu cotidiano. Durante a aprendizagem autodirigida, os alunos trabalham em conjunto, discutem, comparam, analisam e debatem o que aprenderam.

Os pesquisadores Johnstone e Biggs (1998) enfatizaram em sua abordagem apenas quatro das características apresentadas anteriormente como principais em um currículo em PBL, sendo elas: ensinar conhecimento técnico básico em contexto real; ensinar competências de resolver problemas; aprendizagem em pequenos grupos; e aprendizagem centrada no aluno. Savery (2006, p. 12-14), em sua pesquisa, advoga que, além das características já apresentadas, outras são essenciais no PBL tradicional, ou seja, em uma abordagem curricular, acarretando as características:

- os alunos devem ser responsáveis pela sua própria aprendizagem;
- os problemas utilizados no PBL devem ser mal estruturados[6] e permitir uma investigação livre pelos alunos;
- a aprendizagem deve ser integrada entre as disciplinas e os conteúdos (interdisciplinaridade);
- a colaboração é essencial;
- o que os alunos aprendem durante a aprendizagem autodirigida deve ser aplicado de volta para reanálise e resolução do problema;
- é essencial realizar uma análise de fechamento do que foi aprendido ao trabalhar com o problema e uma discussão sobre os conceitos e princípios aprendidos;
- a autoavaliação e a avaliação pelos pares devem ser realizadas para cada um dos problemas e no final de cada unidade curricular;
- as atividades realizadas no PBL devem ser aquelas valorizadas no mundo real;
- as avaliações devem medir o progresso do aluno em relação aos objetivos do PBL; e
- o PBL deve ser a base pedagógica do currículo e não uma abordagem didática.

Ribeiro (2010) afirma que a metodologia será considerada como PBL quando (a) apresentar um processo de aprendizagem centrado no aluno; (b) os mesmos trabalharem de forma autônoma em pequenos grupos; (c)

---

[6] Refere-se a um problema que deixa margem à interpretação do aluno e que permite a ele pensar, refletir e, inclusive, entender de diversas formas o problema para propor uma solução, isto é, o problema não conduz a uma única solução.

os professores assumirem o papel de facilitadores e orientadores; e (d) favorecer a integração dos conceitos e das habilidades necessárias para a solução de problemas.

Ao reportar as características do PBL, faz-se necessário, conforme é demonstrado por Johnstone e Biggs (1998), Milne e McConnell (2001) e Ribeiro (2010), apresentar a "Taxonomia do PBL" proposta por Barrows em 1986 (Quadro 3.1).

Abordagens Metodológicas	Descrição
Estudo de caso baseado em aulas expositivas	O professor apresenta o novo conteúdo por meio de aulas expositivas e então utiliza um ou dois casos de ensino curtos para ilustrar os principais conteúdos abordados. Foco na teoria.
Aulas expositivas baseadas em estudo de caso	Os alunos têm contato com um caso mais longo e bem estruturado, que ressalta a teoria a ser exposta posteriormente pelo professor. Os casos agem como um pano de fundo para a aula e fornecem a base para a estruturação do material de aula. Promove um pouco a estruturação do conhecimento.
Metodologia de estudo de casos	Os alunos recebem um caso mais complexo para estudo e pesquisa e subsequente discussão em sala de aula em pequenos grupos, que é facilitada pelo professor. Limita o raciocínio estimulado pelo fato de o material já estar organizado e sintetizado para o aluno.
Metodologia de estudo de casos modificados	Os alunos trabalham em pequenos grupos e o professor fornece pouca ou nenhuma informação, atuando apenas como um tutor para garantir que a compreensão do caso dos estudantes esteja correta. Os alunos são responsáveis por trazer informações adicionais que julgarem necessárias para a resolução do caso, assim como ocorre em situações reais de atuação profissional. No entanto, a organização do material impede uma investigação plena e livre por parte dos alunos.
Metodologia baseada em problema	Os alunos analisam um problema complexo antes da teoria, em grupos pequenos, realizam pesquisas adicionais, passam a explorá-lo e a levantar hipóteses, facilitados eficazmente por um tutor que ativa seu conhecimento prévio e os ajuda a rememorar conceitos e mecanismos. Os problemas são mais vagos e não estruturados e os alunos são autônomos para decidir as questões que consideram mais apropriadas com base no conhecimento prévio. Favorece o estudo autônomo, estruturação do conhecimento, a motivação para a aprendizagem e o raciocínio diagnóstico.

Abordagens Metodológicas	Descrição
Metodologia baseada em problema reiterativa	É uma extensão da abordagem anterior, com a diferença de que, uma vez terminado o trabalho com o problema, os alunos avaliam os recursos e as fontes de informação utilizados, retornam à situação inicial para entender melhor o problema e avaliar seu raciocínio e conhecimentos prévios, isto é, os alunos têm a oportunidade de refletir sobre todo o processo de ensino-aprendizagem associado ao problema.

Quadro 3.1   *Taxonomia do PBL de Barrows (1986).*

Fonte: Adaptado de Johnstone e Biggs (1998, p. 409), Milne e McConnell (2001, p. 67) e Ribeiro (2010, p. 19-21).

A implantação do PBL pode ocorrer em quatro diferentes modalidades, as quais, porém, apresentam resultados diferenciados em termos de construção de conhecimentos conceituais, a saber: (1) pode ser aplicado em todo o currículo; (2) em um de dois segmentos paralelos de um mesmo currículo (formato híbrido); (3) em uma ou mais disciplinas em um currículo convencional (formato parcial); e (4) a utilização pontual conhecida de *post-holding*, em determinado momento de disciplinas baseadas em aulas expositivas. E esta última modalidade ocorre quando o professor almeja integrar conhecimento ou aprofundar determinados tópicos (RIBEIRO, 2008, 2010).

O Quadro 3.2 demonstra a caracterização das variáveis do PBL com base nos estudos de Hadgraft e Prpic (1999), em que apresentam um modelo de transição que possibilita a mudança gradual do sistema de ensino convencional para o PBL, o qual será utilizado para caracterizar o modelo de PBL utilizado nesta pesquisa. A proposta é auxiliar os professores na identificação da abordagem utilizada, propondo um percurso para atingir o formato de PBL ideal (curricular, híbrido ou parcial) que considere as especificidades da instituição de ensino, do curso, da disciplina, do conteúdo e do aluno.

Passo	Problema	Integração	Trabalho em Equipe	Solução de Problemas	Aprendizagem Autônoma
1	Vários problemas por semana.	Nenhuma ou pouca integração de conceitos. Uma única habilidade ou ideia.	Trabalho individual.	Nenhum método formal de solução de problemas. Alunos concentram-se em como solucionar cada novo tipo de problema.	Professor fornece todo o conteúdo via aula, observações, páginas da Internet, tutoriais, referências a livros e periódicos. Alunos concentram-se em aprender o que lhes foi dado.
2	Um problema por semana.	Alguma integração de conceitos.	Alunos trabalham juntos em sala de aula (informalmente), mas produzem trabalhos individuais.	Método formal de solução de problemas, que é aplicado nas aulas.	Professor fornece grande parte do conteúdo, mas espera que os alunos investiguem alguns detalhes e/ou dados por si próprios.
3	Mais de um problema por semestre, cada um com duração de algumas semanas.	Integração significativa de conceitos e habilidades na solução do problema.	Trabalho em equipe, menos informal que a categoria anterior. Relatório em conjunto, porém sem avaliação pelos pares.	Método formal de solução de problemas, o qual é orientado por tutores em aulas tutoriais.	Professor fornece um livro-texto como base para sua disciplina, mas espera que os alunos utilizem esta e outras fontes, a seu critério.
4	Um problema por semestre.	Grande integração, talvez incluindo mais de uma área de conhecimento.	Trabalho em equipe formal, encontros externos entre as equipes, avaliação por pares, relatórios e apresentação de resultados em conjunto.	Método formal de solução (e aprendizagem) de problemas. Alunos aplicam este método, sozinhos a cada novo problema.	Professor fornece pouco ou nenhum material (talvez algumas referências). Alunos utilizam a biblioteca, a Internet e especialistas para chegarem à compreensão do problema.

Quadro 3.2 *Os elementos fundamentais do PBL na transição do ensino tradicional para o PBL.*

Fonte: Ribeiro (2010, p. 24).

Este livro reporta experiências com formatos parciais, nos quais os docentes atuam como facilitadores e tutores dos diversos grupos formados pelo total de estudantes que cursam a disciplina. Eles intervêm mais no processo de solução dos problemas de modo a esclarecer conceitos equivocados para todos os alunos, interagem sintetizando o conhecimento construído até o momento e buscam alavancar os grupos retardatários ao estágio em que a maioria dos grupos se encontra. Faz-se necessária a redução do tempo destinado à discussão nos grupos e nos debates com a turma toda para intercalar ou complementar com aulas expositivas, e para finalizar o processo são realizadas as atividades de socialização das soluções dos problemas e dos resultados dos projetos. Mesmo nas abordagens em que o processo de ensino-aprendizagem é iniciado pelo contato do aluno com o problema, o professor pode realizar algumas interferências para transmitir informações, fato este que reduz os benefícios proporcionados pelo processo de raciocínio diagnóstico e aprendizagem (RIBEIRO, 2010).

3.6 Os elementos do PBL

O processo de ensino-aprendizagem no PBL é exercido pela união de três elementos fundamentais, sendo eles: o problema, o aluno e o professor.

3.6.1 O problema

No PBL, o problema desencadeia o processo de aprendizagem e tem como propósito atingir os objetivos do PBL. O problema é considerado por Ribeiro (2008, 2010) e por Sockalingam e Schmidt (2011) como o elemento central do PBL. Para Schmidt (1983, p. 13), o segundo passo na realização do PBL é "definir o problema", conforme apresentado no item 3.7 deste livro. Barrows (1996, p. 7) enfatiza que o problema, quando reflete situações futuras da atuação profissional dos aprendizes, é considerado como "o núcleo absolutamente irredutível" do PBL. Pesquisas realizadas a partir da década de 1970 procuram identificar as características de um bom problema no PBL.

Problemas no PBL referem-se aos materiais didáticos apresentados aos alunos que desencadeiam o processo de aprendizagem. Os problemas são apresentados em formato de texto, às vezes com imagens e simulações de computador. O PBL exige dos alunos a explicação e resolução dos problemas, os quais normalmente descrevem situações ou fenômenos criados em contextos da vida real (HMELO-SILVER, 2004; SOCKALINGAM; SCHMIDT, 2011). Além dessas possibilidades, Ribeiro (2010) afirma que o problema também pode ser apresentado por um vídeo, uma dramatização e/ou uma entrevista com pessoas da comunidade.

O problema deve simular ou compreender uma situação real encontrada pelos futuros profissionais de forma que a sua solução afete os resultados positiva ou negativamente. Além de satisfazer as necessidades educacionais quanto às competências almejadas pelo curso (currículo) e/ou pela disciplina, verifica-se que o problema precisa possuir um grau de complexidade, permear as veredas já percorridas pelos alunos (conhecimento prévio), favorecer a interdisciplinaridade e abranger o conteúdo proposto (RIBEIRO, 2010).

O problema no PBL deve refletir uma situação profissional real nas diversas áreas de conhecimento, ou seja, ser real ou uma simulação próxima da realidade. As habilidades de resolução de problemas são desenvolvidas com maior êxito quanto menos estruturado for o problema, aproximando a realidade da sala de aula da prática profissional, cuja realidade é apresentada por pessoas que estão constantemente em busca de informações relevantes e desconhecem as atitudes necessárias para sua resolução (SOARES, 2008; SOARES; ARAÚJO, 2008; RIBEIRO, 2008, 2010).

As pesquisas realizadas por Berbel (1998), Soares (2008) e Soares e Araújo (2008) apontam a discussão do problema no PBL com base na pesquisa realizada por Sakai e Lima (1996, p. 1-2), que apresenta sete elementos que precisam ser considerados na construção do problema:

> 1. consistir de uma descrição neutra do fenômeno para o qual se deseja uma explicação no grupo tutorial; 2. ser formulado em termos concretos; 3. ser conciso; 4. ser isento de distrações; 5. dirigir o aprendizado a um número limitado de itens; 6. dirigir apenas a itens que possam ter alguma explicação baseada no conhecimento prévio dos estudantes; 7. exigir não mais que em torno de 16 horas de estudo independente dos estudantes para que seja completamente entendido de um ponto de vista científico (complementação e aperfeiçoamento do conhecimento prévio).

Os problemas complexos são utilizados para motivar os alunos a pesquisarem e adquirirem novos conhecimentos, bem como a se comunicarem e integrar informações. Assim, o problema no PBL é aplicado, os alunos identificam o que não sabem e precisam aprender para resolver o problema, aprendem e, então, aplicam os conhecimentos que aprenderam na resolução do problema (HANSEN, 2006, p. 222-223). A proposta de Hansen (2006) para elaboração de um bom problema em PBL baseia-se na pesquisa de Duch (2001). Segundo Duch (2001, p. 48-49) há diversas características de um bom problema em PBL que podem variar de acordo com a disciplina; porém, com base nas instruções obtidas com praticantes de PBL, a autora apresenta e discute as cinco características mais relevantes para se obter um bom problema em PBL (Quadro 3.3), sendo que este precisa:

- combinar com o interesse dos alunos e os motivar a compreender os conceitos introduzidos pelo problema;

- exigir que o aluno tome decisão ou realize julgamentos com base em fatos, informações, lógica ou racionalização;

- ser complexo para promover a cooperação de todos os membros do grupo para efetivamente resolverem o problema;

- ser aberto, não limitado a apenas uma resposta correta, baseado no conhecimento prévio e/ou controverso; e

- incorporar os objetivos do curso e integrar aos conhecimentos já adquiridos e aos conhecimentos das outras disciplinas (interdisciplinaridade).

Ribeiro (2010), com base nos estudos de Gordon (1998) sobre problemas utilizados em metodologia de aprendizagem ativa (centrada no aluno), apresenta três categorias em que o problema no PBL pode se enquadrar, conforme Figura 3.2.

Desafios Acadêmicos	Cenários	Problemas da Vida Real
• Problemas que advêm da estruturação de conteúdos de uma área de estudo. • Finalidade: entendimento de um tema selecionado; construir conhecimento; e trabalhar colaborativamente.	• Problemas em contexto da vida real ou simulações da prática profissional. • Finalidade: desenvolvimento de competências necessárias para que os alunos sejam bem-sucedidos na academia e na vida profissional.	• Problemas que pedem soluções reais por pessoas ou organizações reais. • Finalidade: envolver o aluno na exploração de uma área de estudo, cujas soluções sejam potencialmente aplicáveis em seus contextos de origem.

Figura 3.2 *Categoria dos problemas.*

Fonte: Ribeiro (2010).

Nesse contexto, correntes divergentes surgem na literatura, ao apresentarem diferentes critérios para a escolha dos problemas e, também, por serem utilizados para julgar a permanência do problema ao longo do tempo, tanto no currículo quanto na disciplina, a saber: prevalência; valor integrado; valor protótipo; alto potencial de impacto; e fraca estruturação (RIBEIRO, 2010).

Verificou-se a existência de semelhanças e de divergências nas pesquisas de Duch (2001) e de Schmidt et al. (2009), as quais apresentam três níveis para o problema em PBL. Para ambas, o primeiro é o nível cognitivo que envolve o conhecimento e a compreensão. Já o segundo nível é categorizado como motivacional, porém Schmidt et al. (2009) corroboram afirmando que é o mais relevante para os alunos por aproximá-los da sua futura atuação profissional. Por último, o terceiro nível difere entre as duas pesquisas: (1) para Duch (2001) o problema pode ter mais de uma resposta aceitável, está relacionado ao mundo real e o aluno não possui todas as informações necessárias para resolver o problema e precisa pesquisar novos materiais e tomar decisão com base nos novos conhecimentos; e (2) para Schmidt et al. (2009) os problemas são apresentados como elemento de integração e articulação curricular.

Os pesquisadores Sockalingam e Schmidt (2011), ao investigarem a percepção dos alunos sobre as características do bom problema em PBL, obtiveram 11 características que foram divididas em dois grupos – "recursos" e "funções" –, conforme apresentado na Figura 3.3. Nos recursos, encontram-se os elementos do problema, a saber: formato do problema; clareza; familiaridade; dificuldade; e relevância. Nas funções, estão presentes as características que representam os resultados desejados do trabalho com os problemas, em que o problema: estimula o pensamento crítico; promove a aprendizagem autodirigida; estimula sua resolução; promove o trabalho em equipe; estimula o interesse; e conduz às questões de aprendizagem.

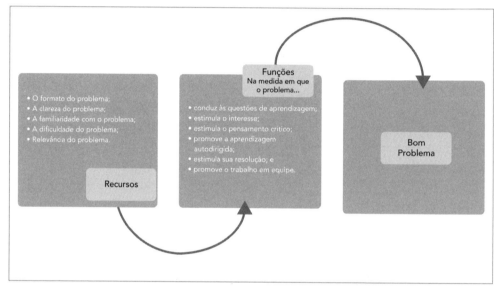

Figura 3.3 *Características do problema.*
Fonte: Adaptado de Sockalingam e Schmidt (2011).

O Quadro 3.3 apresenta um comparativo das pesquisas já realizadas sobre as características de um bom problema. A análise tem como ponto de partida a pesquisa realizada por Sockalingam e Schmidt (2011). Verifica-se que as características "1. O problema deve conduzir as questões de aprendizagem", "2. O problema deve provocar interesse" e "9. O problema deve relacionar-se com o conhecimento prévio" estão presentes em todas as abordagens. Des Marchais (1999), em sua pesquisa com seis especialistas, identificou por meio de rodada Delphi nove características para um bom problema, das quais as duas mais importantes são: estimular o pensamento, a análise e o raciocínio; e iniciar a aprendizagem autodirigida. Duch (2001) aponta que os praticantes de PBL identificaram que, primeiramente, o problema precisa ser de interesse dos alunos para motivá-los a compreender os conceitos introduzidos pelo problema e, na sequência, deve exigir que o aluno tome decisão ou realize julgamentos com base em fatos, informações, lógica ou racionalização, assim como observado na pesquisa de Des Marchais (1999). Duch (2001), ainda, ressalta que a característica 11 só existirá se houver a 7, isto é, um problema complexo gera a cooperação do grupo e a motivação para que o mesmo seja resolvido. Por outro lado, a característica "3. O problema deve ter um formato adequado" está presente apenas na pesquisa de Sockalingam e Schmidt (2011).

No entanto, essa característica é bastante discutida por Ribeiro (2010, p. 31). Segundo o pesquisador, é o grau de estruturação o critério de escolha dos problemas que mais afeta o PBL, ou seja, "quanto mais fraca for a estruturação do problema, maior é a oportunidade de os alunos se engajarem em um processo interativo de especulação, definição, coleta de informações, análise e redefinição do problema". Por outro lado, na percepção dos alunos faz-se necessário atribuir ao problema um título, palavras-chave, imagens, analogias, exemplos, metáforas e histórias como a representação física ou o formato do problema (SOCKALINGAM; SCHMIDT, 2011, p. 19).

Destaca-se que os profissionais que elaboram o problema precisam atender às cinco características de recurso de problemas tendo em mente as de função. Estas, por sua vez, são os atributos dos problemas que podem ser utilizados como indicadores da eficácia dos problemas, tendo em vista que representam os objetivos do PBL (SOCKALINGAM; SCHMIDT, 2011, p. 29).

Pesquisadores	Shaw (1976)	Schmidt (1985)	Dolmans et al. (1997)	Des Marchais (1999)	Duch (2001)	Sockalingam e Schmidt (2011)
Categoria	Características	Critérios	Princípios	Critérios	Características	Critérios
Quantidade	5	8	7	9	5	11
Ranking	Não há.	Não há.	Não há.	Pela importância indicada pelo prefixo O problema deve...	Pela importância indicada pelo prefixo O problema deve...	Pela importância indicada pelo prefixo O problema deve...
Características dos problemas para o *Problem Based Learning*	Múltiplas soluções.	Gera aprendizagem.	Deve corresponder a um ou mais objetivos do curso. Integração dos conhecimentos (interdisciplinaridade).	Conduzir o aluno a descobrir as questões de aprendizagem.	Incorporar os objetivos do curso; integrar aos conhecimentos já adquiridos e aos conhecimentos das outras disciplinas. (interdisciplinaridade).	Conduzir às questões de aprendizagem.
	Interesse intrínseco.	Interesse intrínseco.	Aumenta o interesse dos alunos.	Despertar a curiosidade e o interesse.	Combinar com o interesse dos alunos e os motiva a compreender os conceitos introduzidos pelo problema.	Provocar interesse.
	-	-	-	-	-	Ter um formato adequado.
	-	-	-	Estimular o pensamento, a análise e o raciocínio.	Exigir que o aluno tome decisão ou realize julgamentos com base em fatos, informações, lógica ou racionalização.	Estimular o pensamento crítico.

Quadro 3.3 *As características do problema em PBL.*

Características dos problemas para o Problem Based Learning					
–	Tempo gasto na tarefa.	Estimula a aprendizagem autodirigida.	Iniciar a aprendizagem autodirigida.	–	Promover a aprendizagem autodirigida
Dificuldade.	–	–	Conter vocabulário médico adequado.	–	Ser claro.
–	–	–	–	Ser complexo.	Ter dificuldade apropriada.
–	–	–	Abordar temas relacionados à saúde pública. Apresentar uma visão global.	–	Permitir aplicação e uso.
Familiaridade.	Fam liaridade. Conhecimento prévio.	Adapta bem ao conhecimento prévio do aluno.	Relacionar-se com o conhecimento prévio. Propor um contexto real.	Ser aberto, não limitado a uma resposta correta, baseado no conhecimento prévio e/ou controverso.	Relacionar-se com o conhecimento prévio.
–	–	Estimula o aluno a resolver.	–	–	Estimular a resolução.
Necessidade de cooperação.	–	–	–	Promover cooperação de todos os membros do grupo para efetivamente resolver o problema.	Promover trabalho em equipe.

Fonte: Adaptado de Sockalingam e Schmidt (2011), incluindo Duch (2001).

Conclui-se que um bom problema em PBL deve ser complexo, mal estruturado, sem resposta pronta e correta, exige soluções multidisciplinares, e deve promover o pensamento flexível. Adicionalmente, deve promover a motivação intrínseca por meio da simulação ou da extração de problemas da realidade e por repercutir as experiências dos alunos. Um bom problema promove *feedback* que permite aos alunos avaliarem a eficácia do seu conhecimento, raciocínio e as estratégias de aprendizagem (HMELO-SILVER, 2004).

3.6.2 O aluno

Os alunos no PBL trabalham em equipes de cinco a nove membros para resolver um problema (SCHMIDT, 1983). Eles trabalham de forma independente durante o período de estudo autônomo e em colaboração com os membros de sua equipe durante a discussão em grupo para a construção de seu próprio conhecimento (SOCKALINGAM, 2010).

Os alunos no PBL são o foco no processo de ensino-aprendizagem. Eles obtêm as informações necessárias, compreendem novos conceitos e princípios e desenvolvem novas habilidades necessárias para resolver o problema proposto. Nessa abordagem, a delegação de autoridade com responsabilidade sobre a aprendizagem aos alunos prepara-os para serem aprendizes por toda a vida (MILNE; MCCONNELL, 2001; RIBEIRO, 2010).

Assumir a responsabilidade pela própria aprendizagem em um ambiente educacional com a abordagem do PBL exige que os alunos cumpram as seguintes tarefas propostas por Schmidt (1983): na primeira, explora-se o problema e esclarecem-se os termos e os conceitos que não foram compreendidos, criam-se as hipóteses e identificam-se os problemas; na segunda função, identifica-se se o que o aluno sabe é suficiente para resolver o problema; na terceira, apura-se o que não se sabe; na sequência, em grupo são priorizadas as necessidades de aprendizagem, definidos as metas e os objetivos de aprendizagem, alocados os recursos e identificadas as tarefas que cada membro do grupo irá realizar; na quinta função, os alunos envolvem-se em uma pesquisa autodirigida em busca de conhecimento; em seguida, na sexta, retornam ao grupo e compartilham seus novos conhecimentos de forma eficaz, de modo que todos os membros aprendam a informação; na sétima, o conhecimento é aplicado e integram-se os conhecimentos adquiridos em uma única explicação; e por fim, na oitava, os alunos refletem sobre o que foi aprendido e sobre o processo de aprendizagem.

3.6.3   O professor

As abordagens cognitivas enfatizam o papel do professor como facilitador do desenvolvimento do conhecimento cognitivo e das habilidades de trabalhar em equipe (NEWMAN, 2005). Os professores no PBL são denominados de facilitadores ou tutores e não fornecem informações diretamente aos alunos. Como orientador, o professor assume a função de fomentar atividades reflexivas que permitam aos alunos identificarem suas próprias necessidades de aprendizagem. Assim, ajudam os alunos a desenvolverem a aprendizagem autônoma, o pensamento crítico, a serem colaborativos e motivados durante o processo de ensino-aprendizagem (TAMAYO, 2009; SOCKALINGAM, 2010).

Corroborando, Savery e Duffy (1995) e Decker e Bouhuijs (2009), com base em Barrows (1992), afirmam que a capacidade do professor em utilizar habilidades facilitadoras durante o processo de ensino-aprendizagem em pequenos grupos proporciona o sucesso do método educacional que tem como objetivo desenvolver nos alunos as habilidades de pensamento ou do raciocínio (resolução de problemas, metacognição, pensamento crítico) e auxiliá-los a se tornarem independentes e aprendizes autônomos (aprender a aprender, gerenciar o aprendizado). A tutoria é a habilidade principal do professor no PBL.

O facilitador é responsável por mover os alunos nos vários estágios do PBL e por acompanhar o processo dos grupos. Esse monitoramento garante que todos os alunos estejam envolvidos e os incentiva a exteriorizar seu próprio pensamento e comentar sobre o pensamento do outro (HMELO--SILVER, 2004).

Os professores no PBL auxiliam os alunos a estruturar o processo de resolução de problemas, buscando respostas a uma série de perguntas gerais e de suporte. Ao invés de transmitir conhecimentos, os tutores interagem com os alunos no nível metacognitivo (questionando seu raciocínio superficial e suas noções vagas e equivocadas) e assumem determinados personagens e formas de ação comunicativa, conforme apresentado no Quadro 3.4. Exigem-se dos professores preparação e suporte para a mudança e manutenção desses personagens, em particular, o apoio institucional visível na forma de reconhecimento do alto nível de habilidade, tempo necessário e suficiente para se preparar e realizar o seu trabalho (SAVERY; DUFFY, 1995; MILNE; MCCONNELL, 2001; NEWMAN, 2005).

Atitudes comunicativas	Papel assumido pelo professor
Ficar em silêncio.	Aprendiz
Perguntas de diagnóstico: Por quê? O que quer dizer? O que isso significa?	Criador
Perguntas de reflexão: Como é que essa ideia pode lhe ajudar?	Diretor
Perguntas de envolvimento: Quem tem ideias sobre isso?	Desafiador
Comportamento em grupo.	Avaliador
Perguntas de diagnósticos educacionais: Qual é sua opinião sobre a forma como você formulou suas ideias?	Negociador
Estimular o interesse.	Modelador
Reduzir os desafios quando houver sinal de tédio ou de sobrecarga.	Projetista
Ajudar os alunos a resolver problemas com dinâmica interpessoal (por exemplo, por meio de perguntas sobre comportamentos desestruturados do grupo).	Facilitador

Quadro 3.4 *Técnicas de ensino para professor no PBL.*

Fonte: Newman (2005, p. 15).

Um dos grandes desafios do PBL e das IES é fazer com que o professor assuma um novo papel no processo de ensino-aprendizagem, o qual espera que os educadores sejam orientadores, coaprendizes e facilitadores da construção do conhecimento.

O Quadro 3.5 mostra as principais diferenças nos papéis desempenhados pelos professores e pelos alunos no método tradicional e no PBL. Destaca-se, ainda, que o colegiado, a instituição de ensino, as experiências realizadas enquanto aluno, as características da disciplina ou da turma podem exigir do docente uma postura mais tradicional, com aulas expositivas, mesmo que adote uma postura de facilitador no PBL (KEMBER, 1997; RIBEIRO, 2010).

Abordagem Convencional	Abordagem PBL
Docente assume o papel de especialista ou autoridade formal.	Papel do docente é de facilitador, orientador, coaprendiz, mentor ou consultor profissional.
Docentes trabalham isoladamente.	Docentes trabalham em equipes que incluem outros membros da IES.
Docentes transmitem informações aos alunos.	Alunos se responsabilizam pela aprendizagem e criam parcerias entre colegas e professores.
Docentes organizam os conteúdos na forma de palestras, com base no contexto da disciplina.	Docentes concebem cursos baseados em problemas com fraca estruturação, delegam autoridade com responsabilidade aos alunos e selecionam conceitos que facilitem a transferência de conhecimentos pelos alunos. Docentes aumentam a motivação dos alunos pela colocação de problemas do mundo real e pela compreensão das dificuldades dos alunos.
Docentes trabalham individualmente dentro das disciplinas.	Estrutura escolar é flexível e oferece apoio aos docentes. Docentes são encorajados a mudar o panorama instrucional e avaliativo mediante novos instrumentos de avaliação e revisão por pares.
Alunos são vistos como *tabula rasa* ou receptores passivos de informação.	Docentes valorizam o conhecimento prévio dos alunos, buscam encorajar a iniciativa dos alunos e delegam autoridade com responsabilidade aos alunos.
Alunos trabalham isoladamente.	Alunos interagem com o corpo docente de modo a fornecer *feedback* imediato sobre o curso com a finalidade de melhorá-lo continuamente.
Alunos absorvem, transcrevem, memorizam e repetem informações para realizar tarefas de conteúdo específico, tais como questionários e exames.	Docentes concebem cursos baseados em problemas com fraca estruturação que preveem um papel para o aluno na aprendizagem.
Aprendizagem é individualizada e competitiva.	Aprendizagem ocorre em um ambiente de apoio e colaboração.
Alunos buscam a "resposta correta" para obter sucesso em uma prova.	Docentes desencorajam a "resposta correta" única e ajudam os alunos a delinearem questões, equacionarem problemas, explorarem alternativas e tomarem decisões eficazes.
Desempenho avaliado em relação a tarefas de conteúdo específico.	Alunos identificam, analisam e resolvem problemas utilizando conhecimentos de cursos e experiências anteriores, ao invés de simplesmente relembrá-los.
Avaliação de desempenho escolar é somativa e o instrutor é o único avaliador.	Alunos avaliam suas próprias contribuições, além dos outros membros e do grupo como um todo.

Abordagem Convencional	Abordagem PBL
Aula baseada em comunicação unilateral; informação é transmitida a um grupo de alunos.	Alunos trabalham em grupos para resolver problemas. Alunos adquirem e aplicam o conhecimento em contextos variados. Alunos encontram seus próprios recursos e informações, orientados pelos docentes. Alunos buscam conhecimentos e habilidades relevantes a sua futura prática profissional.

Quadro 3.5 *Alunos e professores na abordagem convencional e no PBL.*

Fonte: Ribeiro (2010, p. 38-39).

Algumas pesquisas como a de Wood (2003) e de Pinto, Santos e Pereira (2004) sugerem que os participantes do PBL, professores e alunos, assumam papéis para que o método seja desenvolvido, conforme demonstrado pela Figura 3.4.

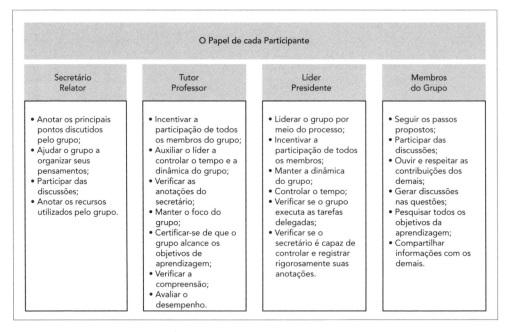

Figura 3.4 *Participantes do PBL e seus respectivos papéis.*

Fonte: Wood (2003, p. 328).

Assim, entre as atribuições do professor destacam-se: trabalhar com grupos de alunos e ensiná-los a trabalhar em equipe; trabalhar com problemas cuja resposta permita mais de uma solução; trabalhar promovendo a utilização do conhecimento de mundo que os alunos possuem; permitir que os alunos compartilhem livremente nas discussões em grupo; e saber o momento certo de interferir para trabalhar as questões críticas de aprendizagem (GIJSELAERS, 1996; RIBEIRO, 2010).

3.7 O processo no PBL

Para Duch, Groh e Allen (2001), Boud e Feletti (2003), Hansen (2006) e Ribeiro (2010), as fases de desdobramento da experiência de Dewey transparecem no PBL por meio do seguinte ciclo de atividades representado na Figura 3.5.

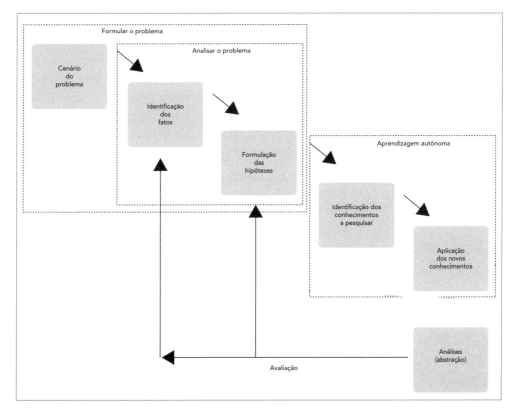

Figura 3.5 *O ciclo do PBL.*
Fonte: Adaptado de Hmelo-Silver (2004, p. 237).

O processo de ensino-aprendizagem no PBL inicia-se quando um problema é apresentado aos alunos e eles formam grupos permanentes de trabalho nos quais organizam suas ideias e tentam solucionar o problema com o conhecimento de mundo que possuem sobre o assunto, fato este que permite uma avaliação do próprio conhecimento pelos alunos, que definem a natureza do problema.

Na sequência, por meio de discussão em grupo são apontadas pelos alunos as "questões de aprendizagem" em que são delineados os aspectos do problema que eles não compreendem. Essas questões são anotadas pelo grupo. Nessa etapa, os estudantes são constantemente encorajados a definir o que sabem e, sobretudo, o que não sabem a respeito dos temas abordados pelo problema.

Ato contínuo, os estudantes elencam, por ordem de prioridade, as questões de aprendizagem geradas na sessão; decidem quais questões serão investigadas por todo o grupo, e cada membro do grupo escolhe um tema em particular para investigar. Depois, relatam, compartilham e ensinam aos demais membros de seu grupo. Nesta fase, os estudantes e os professores discutem e identificam recursos necessários na investigação dos temas que envolvem o problema e onde podem ser encontrados.

Os alunos se reúnem, integrando seus novos conhecimentos ao contexto do problema; eles são encorajados a realizar uma síntese de seus novos conhecimentos e a conectá-los ao seu conhecimento de mundo. Os alunos continuam a definir novas questões de aprendizagem à medida que avançam na resolução do problema. Os alunos percebem que aprender é um processo contínuo e que sempre haverá novos temas a serem explorados.

Por fim, ao término do trabalho com o problema, os alunos realizam autoavaliação, a avaliação pelos pares com intuito de desenvolver habilidades de autoavaliação e de avaliação construtiva dos colegas. A autoavaliação é uma habilidade essencial para uma aprendizagem autônoma e eficaz.

As pesquisas de Wood (2003), de Rogal e Snider (2008) e de Deelman e Hoeberigs (2009) apontam para o modelo de Schmidt (1983), em que o PBL consiste em uma sequência de sete passos cuidadosamente dispostos para orientar os alunos durante o processo de resolução de um problema profissional, conforme apresentado na Figura 3.6.

Os sete passos do PBL são apresentados por Schmidt (1983, p. 13), em que a primeira atividade relacionada a qualquer problema deverá ser o **esclarecimento dos termos e conceitos não compreendidos** à primeira vista; nessa etapa é exposto o problema de estímulo aos alunos e eles têm a oportunidade de esclarecer os conceitos por meio de perguntas ao professor. Quando a informação está clara, os alunos saltam para a segunda etapa, na qual se produz uma **definição exata do problema**, pois alguns problemas consistem em uma série de problemas secundários e independentes. A questão é: Que fenômeno deve ser explicado?

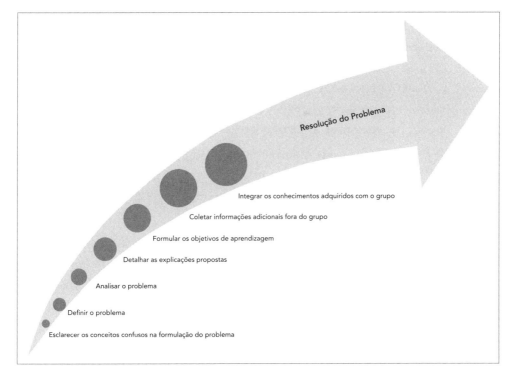

Figura 3.6 *Os sete passos do PBL.*

Fonte: Adaptado de Schmidt (1983, p. 13), Wood (2003, p. 329) e Rogal e Snider (2008, p. 214).

Na terceira fase, os alunos **analisam o problema** com base no conhecimento de mundo e aplicam esse conhecimento em situação real, a qual resulta das ideias e suposições sobre a estrutura do problema e consiste em recapitular as opiniões dos membros do grupo com base no conhecimento prévio. Na próxima etapa, quarta, o grupo tenta criar hipóteses relevantes que possam resolver o problema. É realizado um **inventário** das várias explicações do problema (mapa conceitual); este é o momento de reconhecer o que se sabe e o que não se sabe sobre o tema.

No quinto passo, **formulam os objetivos da aprendizagem**. No sexto, os alunos **buscam informações adicionais** fora do grupo, ou seja, por meio do estudo individual, tais como: referências bibliográficas, especialistas e outras fontes. Por último, sétimo passo, os alunos **sintetizam a informação recém-adquirida**, isto é, os estudantes discutem com os demais sobre seus achados individuais, complementam seus conhecimentos prévios e os corrigem se for necessário.

Wood (2003, p. 329) apresenta uma forma de operacionalizar os sete passos do processo tutorial do PBL, a saber:

- **1º passo:** identificar e esclarecer os termos desconhecidos apresentados no cenário; o secretário relaciona em uma lista os que permanecem inexplicados após a discussão;

- **2º passo:** definir o problema ou os problemas que serão discutidos; os estudantes podem apresentar diferentes pontos de vista, porém todos devem ser considerados; o secretário relaciona em uma lista os problemas aprovados;

- **3º passo:** realizar a sessão de *brainstorming* para discutir o problema, surgem possíveis explicações baseadas no conhecimento de mundo dos alunos; os estudantes dispõem dos conhecimentos prévios compartilhados para identificar as áreas de conhecimento incompletas; o secretário registra toda a discussão;

- **4º passo:** rever passos 2 e 3, realizar um balanço das informações e buscar possíveis explicações para a resolução do problema; o secretário organiza as explicações e as reestrutura, se for necessário;

- **5º passo:** formular os objetivos da aprendizagem; o grupo chega a um consenso sobre os objetivos da aprendizagem; o tutor assegura que os objetivos da aprendizagem são focados, realizáveis, abrangentes e apropriados;

- **6º passo:** realizar o estudo individualizado (todos os alunos pesquisam informações sobre cada um dos objetivos de aprendizagem); e

- **7º passo:** compartilhar com o grupo os resultados do estudo individualizado (os alunos identificam os recursos utilizados e compartilham sua pesquisa); o tutor verifica se ocorreu o aprendizado e pode avaliar o grupo.

O ciclo do PBL proposto por Hmelo-Silver (2004) é concluído com a avaliação, assim como o último passo do PBL conforme aponta Wood (2003). No PBL, a avaliação deve ocorrer com objetivo de sustentar aprendizagem e identificar a capacidade dos alunos de atuar em um contexto profissional real. Stearns, Morgan, Capraro e Capraro (2012) afirmam que a avaliação no PBL deve ocorrer em diferentes momentos e de forma contínua. Assim, investigam-se a seguir: os instrumentos avaliativos utilizados em diferentes abordagens de PBL, os diferentes avaliadores e as principais vantagens e desvantagens no processo de ensino-aprendizagem.

SUGESTÕES DE LEITURA:

Recomenda-se a leitura dos artigos a seguir, quando o interesse for estudar mais sobre as características e os elementos do PBL:

- HANSEN, J. D. Using problem-based learning in accounting, *Journal of Education for Business*, v. 81, n. 4, p. 221-224, 2006. Disponível em: <http://www.tandfonline.com/doi/pdf/10.3200/JOEB.81.4.221-224>. Acesso em: 30 jan. 2015.

- RIBEIRO, L. R. C. *Aprendizagem baseada em problemas (PBL):* uma experiência no ensino superior. São Carlos: UduFSCAR, 2010.

- SOARES, M. A.; ARAÚJO, A. M. P.; LEAL, E. A. Evidências empíricas da aplicação do método Problem-Based Learning (PBL) na disciplina de contabilidade intermediária do curso de Ciências Contábeis. In: COIMBRA, Camila Lima (Org.). *Didática para o ensino nas áreas de administração e Ciências Contábeis*. São Paulo: Atlas, 2012, v. 1, p. 74-92.

Estudos que descrevem o processo do PBL e as várias formas de aplicação do método, são elencados a seguir:

- HMELO-SILVER, C. E. Problem-based learning: what and how do students learn? *Education Psychology Review*, v. 16, n. 3, p. 235-266, Sep. 2004. Disponível em: <http://kanagawa.lti.cs.cmu.edu/olcts09/sites/default/files/Hmelo-Silver_2004.pdf>. Acesso em: 30 jan. 2015.

- WOODS, D. R. Problem-Oriented Learning, Problem-Based Learning, Problem-Based Synthesis, Process Oriented Guided Inquiry Learning, Peer-Led Team Learning, Model--Eliciting Activities, and Project-Based Learning: What Is Best for You?. *Industrial & Engineering Chemistry Research*, v. 53, n. 13, p. 5337-5354, 2014. Disponível em: <http://pubs.acs.org/doi/abs/10.1021/ie401202k>. Acesso em: 30 jan. 2015.

04

AVALIAÇÃO EM PBL

4.1 O processo avaliativo no PBL

O processo avaliativo no PBL inicialmente foi abordado na pesquisa de Boud (1988). Conforme apontam MacDonald e Savin-Baden (2004, p. 8-9), faz-se necessário refletir estrategicamente sobre a avaliação no PBL, pois no PBL a avaliação deve ocorrer com intuito de apoiar a aprendizagem, diferentemente do processo tradicional, em que a avaliação é utilizada para apontar o quanto os alunos sabem, geralmente, em termos de conhecimento ou de conteúdo. Assim, observa-se que nas abordagens tradicionais a avaliação apenas ocorre para medir e proporcionar certificados do quanto se aprendeu ou se deixou de aprender, ou, ainda, para assegurar padrões.

No entanto, no PBL avaliam-se a aptidão dos alunos de atuar em um contexto profissional e a capacidade de reconhecerem a necessidade de adquirir novos conhecimentos, novas habilidades e novas atitudes, pois as competências e os valores são vistos como elementos principais para a empregabilidade futura dos alunos (MACDONALD; SAVIN-BADEN, 2004). Complementando, Siqueira-Batista e Siqueira-Batista (2009) apontam que a estruturação do processo de avaliação no PBL permite um sistema de ensino-aprendizagem contínuo, o qual possibilita a formação de profissionais aptos a construírem seu próprio conhecimento, a desenvolverem habilidades e atitudes.

Segundo Wood (2000, p. 7), devem-se observar os elementos a seguir, para neutralizar os vieses e as imprecisões de uma avaliação:

- os objetivos do que está sendo avaliado;

- os critérios de avaliação devem estar relacionados com os objetivos;
- os instrumentos de avaliação precisam ser consistentes com os critérios;
- os recursos disponíveis para que as avaliações ocorram no tempo disponível;
- o processo de avaliação; e
- o treinamento para o processo de avaliação (tanto o aluno quanto o professor recebem treinamento para realizar a avaliação).

A avaliação no PBL apresenta uma nova configuração, pois os alunos são os responsáveis pela própria aprendizagem, isto acarreta maior responsabilidade, também, para julgar se alcançaram os objetivos da aprendizagem e fornecerem *feedback*. A quantidade de pessoas trabalhando no processo avaliativo é ampliada, pois não está mais centrada apenas no professor. Neste sentido, a avaliação combina contextos de desenvolvimento de práticas profissionais que exigem trabalho com os pares, supervisores e clientes. Isso significa que a avaliação acontece pelos próprios alunos, pelos pares, pelos supervisores e pela comunidade externa, podendo ser clientes ou empresários (MACDONALD; SAVIN-BADEN, 2004). Assim, ao utilizar diversos avaliadores e diferentes instrumentos de avaliação, melhor será a qualidade do *feedback* no processo educacional com PBL.

Outrossim, Siqueira-Batista e Siqueira-Batista (2009, p. 1187) corroboram ao afirmarem que no PBL "a avaliação dos estudantes passa pelo estabelecimento de uma estreita relação entre estes e os docentes, os quais deverão ser também avaliados". Wood (2000, p. 6-7) define a avaliação "como um julgamento baseado no grau em que os objetivos foram alcançados com base em critérios mensuráveis e nas provas pertinentes". O autor apresenta os princípios da avaliação no PBL:

- A avaliação é um julgamento com base no desempenho na realização de tarefas, e não em personalidades.
- A avaliação é um julgamento baseado em evidências, e não em sentimentos. Qualquer que seja nossa intuição sobre a capacidade do estudante, precisamos de evidências físicas (avaliação).

- A avaliação deve ser feita com um propósito com condições de desempenho claramente definidos. O aluno deve saber quando está sendo avaliado.

- A avaliação é um julgamento feito no contexto das metas publicadas, dos critérios mensuráveis e avaliações pertinentes, acordando as formas de evidência. Use a pesquisa, não a intuição pessoal, para identificar as habilidades do alvo. Publicar objetivos com critérios mensuráveis para a habilidade do processo. Tais objetivos devem fornecer as necessidades claras de provas documentadas.

- A avaliação deve ser baseada em evidências multidimensionais: situações estáticas e dinâmicas; pequenas tarefas e projetos longos; contextos acadêmicos, sociais e pessoais, sob uma variedade de condições de desempenho, dados formativos e somativos e com pessoas diferentes.

Observa-se que no processo de ensino-aprendizagem com PBL utiliza-se uma diversidade de instrumentos avaliativos. No Quadro 4.1 estão elencados os principais métodos de avaliação utilizados no PBL.

Instrumento de Avaliação	Descrição
Apresentação em grupo	Os alunos apresentam seus trabalhos oralmente ou por escrito, como parte do modelo colaborativo do processo de PBL. Podem-se utilizar, para avaliar o conteúdo, o processo, a apresentação ou a combinação desses elementos.
Apresentação individual	Cada aluno apresenta os componentes pesquisados por ele e a sua contribuição na solução do problema.
Tripartida (tríplice)	É composta por três elementos: a) o grupo entrega um relatório; b) individualmente cada aluno entrega a parte do trabalho que pesquisou; e c) individualmente cada aluno relata o processo de trabalho do grupo que está interligado com a teoria do trabalho em grupo.
Trabalhos individuais baseados em casos	É apresentado ao aluno um cenário, e ele encontra a solução do problema na forma de redação. Os alunos podem escolher os cenários. Concentra-se nas habilidades cognitivas.
Planos baseados em casos práticos/ projeto para o cliente	É apresentado aos alunos um cenário da vida real para que solucionem/gerenciem para um cliente.

Instrumento de Avaliação	Descrição
Portfólio/ pasta	Atenção deve ser dada à definição dos critérios para garantir que não se torne, apenas, um requisito que apresenta uma síntese geral.
Salto triplo	É uma avaliação desenvolvida especificamente para o PBL, mas é demorada e cara, funciona com turmas pequenas. Exercício de "salto triplo" tem três fases: pulo, passo e salto. Na fase do pulo, os alunos leem o problema, expressam suas impressões e deduções a partir das informações transmitidas pelo tutor e são realizadas perguntas do tutor para o aluno, portanto, eles são pegos no pulo. A fase do passo destina o tempo de estudo independente para pesquisar as descobertas e as hipóteses que surgiram a partir da fase do pulo. Na fase do salto, é esperado um relatório escrito das descobertas realizadas com as justificativas da decisão tomada para a solução do problema.
Autoavaliação	O aluno julga seu próprio trabalho. Permite ao aluno pensar cuidadosamente sobre o que ele sabe e o que ele não sabe, e o que ele precisa saber para realizar determinada tarefa.
Avaliação pelos pares	Enfatiza a natureza cooperativa do ambiente do PBL. Os alunos fazem julgamentos sobre o trabalho dos outros alunos.
Exames orais	São utilizados para as situações práticas. A maioria das perguntas em exames orais avalia fragmentos isolados de informação. São considerados muito eficazes, porém são caros, demorados e extremamente estressantes para o aluno.
Diários ou *journals* reflexivos (*on-line*)	São reflexões sobre a própria aprendizagem, os alunos são mais abertos e honestos, escrevem sobre o que esperam. Os alunos escrevem o diário semanalmente e recebem uma nota no final de cada um e/ou no final do semestre.
Avaliação do tutor	Os alunos avaliam o tutor.
Relatórios	Relatórios escritos promovem a habilidade de comunicação escrita.
Textos de "retalhos"	Os alunos apresentam seus trabalhos na forma escrita. A construção do texto ocorre durante o curso ao longo de semanas. Cada componente escrito é compartilhado com outros estudantes e espera-se que eles utilizem diferentes estilos, tais como: um comentário sobre as aulas e palestras, relato pessoal, resenha de livros, entre outros.
Outros instrumentos	Podem-se utilizar ainda: exposições, obras de arte e performances artísticas, *design* ou laboratórios.

Quadro 4.1 *Instrumentos de avaliação em PBL.*

Fonte: Adaptado de MacDonald e Savin-Baden (2004, p. 3).

O sistema de avaliação baseado em problemas deve ser projetado para medir os seguintes aspectos do desempenho dos alunos (MARKS-MARAN; THOMAS, 2000):

- o conteúdo da disciplina, do semestre ou do curso, ou seja, o conhecimento depositado;
- a habilidade para utilizar o conhecimento adequado para resolver ou prevenir problemas da vida real;
- a habilidade de realizar uma autoavaliação reflexiva;
- a capacidade de fornecer evidências que justifiquem as decisões que foram tomadas;
- a capacidade de analisar uma situação crítica, sintetizar o conteúdo oriundo de diversas fontes de pesquisa e avaliar a decisão tomada; e
- a capacidade de trabalhar de forma independente e em cooperação com um grupo.

MacDonald e Savin-Baden (2004, p. 7) sugerem aos educadores que, ao avaliar os alunos no PBL, faz-se necessário observar os elementos a seguir:

- a avaliação deve, preferencialmente, ser baseada em um contexto prático real ou simulado que os alunos irão encontrar no mercado de trabalho;
- avaliar o que o profissional faz em sua prática profissional, que são atividades sustentadas por conhecimentos, habilidades e atitudes adequadas;
- a avaliação deve refletir o desenvolvimento do aluno ao longo dos estudos, partindo de um nível básico (iniciante) para um profissional atuante no mercado de trabalho (especialista);
- os alunos devem começar a apreciar e experimentar o fato que, ao desenvolver suas atividades profissionais, irão encontrar clientes, usuários, entidades profissionais, colegas, concorrentes, autoridades legais, entre outros, que estarão avaliando seu desenvolvimento profissional;
- os alunos devem, também, ser capazes de realizar a autoavaliação e reflexão, como a base do desenvolvimento profissional contínuo e da aprendizagem autodirigida; e

- os professores precisam garantir que haja alinhamento entre os objetivos de aprendizagem do curso e os dos alunos, a aprendizagem e os métodos de ensino adotados, bem como a avaliação da aprendizagem – estratégias, métodos e critérios.

Além disso, MacDonald e Savin-Baden (2004) e Siqueira-Batista e Siqueira-Batista (2009) destacam que o importante é promover um equilíbrio entre os objetivos educacionais, os instrumentos utilizados (que podem ser adaptados de outras abordagens pedagógicas) e o tempo destinado às avaliações.

4.2 Modelos avaliativos das principais IES que utilizam o PBL

Apresentam-se, a seguir, as principais abordagens avaliativas adotadas nas mais importantes instituições de ensino que trabalham com o PBL e que foram base para a formulação do processo avaliativo, principalmente na seleção dos instrumentos de avaliação da disciplina Solução de Problemas em Controle Gerencial da FEA-USP, em 2013.

Marks-Maran e Thomas (2000) apresentam o processo avaliativo selecionado pelo curso de enfermagem da Universidade de Valley, o qual trabalha com três modelos de avaliação, a saber: o portfólio; o estudo de caso baseado em problemas; e a redação modificada. O primeiro, o portfólio, visa avaliar a integração da teoria e da prática, por meio do relato escrito da experiência prática desenvolvida pelos alunos. São, também, avaliados a análise crítica e reflexiva, as habilidades clínicas e os elementos cognitivos. A redação modificada é realizada individualmente e o aluno apresenta o trabalho em grupo e compartilha as informações, por meio de um cenário previamente elaborado. Nessa avaliação, o aluno apresenta o problema, as hipóteses e as informações necessárias para resolver o problema, descreve como resolveu o problema, entre outras informações vinculadas ao processo do PBL. E, por fim, o estudo de caso com o problema apresenta uma reflexão do caso e da decisão a ser tomada para resolver o incidente clínico apresentado no caso.

A experiência relatada por Tai e Yuen (2007), da Universidade de Multimedia, Malásia, apresenta três etapas avaliativas, a saber: a avaliação do processo que consiste na autoavaliação, na avaliação pelos pares e no relatório de conclusão das tarefas; a avaliação do conteúdo, a qual é realizada pelo pré-teste e o pós-teste; e, por fim, é realizada a avaliação do portfólio. Os processos de autoavaliação, de avaliação pelos pares e a conclusão do relatório permitem que os estudantes identifiquem os avanços e as próprias deficiências, tornando-os aprendizes independentes. As avaliações de conteúdo têm por objetivo medir o nível de assimilação de conhecimento dos alunos, juntamente com a capacidade de compreender e aplicar o conhecimento aprendido. E, por último, a avaliação de portfólio permite aos estudantes não só visualizar o resultado final da aprendizagem, mas acompanhar o seu progresso no processo de ensino-aprendizagem.

Na Universidade de Aalborg, a avaliação ocorre no final do trimestre e são avaliados o produto do trabalho e a qualidade profissional e acadêmica dos projetos baseados em problemas. O objetivo do relatório final é apresentar os resultados e os métodos utilizados pelos alunos, bem como avaliar a análise do problema e sua resolução. Além disso, no final de cada semestre a avaliação está centrada na apreciação de um projeto que é apresentado pelo grupo com participação de um avaliador externo, que pode ser da área profissional ou acadêmica. Todos os integrantes do grupo realizam uma exposição individual do projeto, seguida de um debate e da defesa de suas ideias. A finalidade da exposição e do debate é avaliar os conhecimentos do aluno, sua capacidade profissional e suas habilidades científicas e metodológicas. Cada aluno realiza uma avaliação individual. As avaliações visam, também, julgar os conteúdos contemplados nas disciplinas do semestre, relativas ao projeto (ENEMARK; KJAERSDAM, 2009).

Complementando, Moesby (2009) salienta que as avaliações na Universidade de Aalborg, no modelo de aprendizagem centrada em projetos e baseada em problemas, consistem no trabalho de projeto, elaboração de um relatório e uma reflexão sobre ele. A avaliação é realizada por meio da apresentação em grupo do projeto, seguida de uma avaliação individual. Os elementos que interferem na avaliação são: o relatório sobre o projeto, contendo seus objetivos e fins concretos, o documento de reflexão e o guia de estudos. A avaliação propriamente dita é composta por exposição, apresentação em grupo do projeto e avaliação individual. O autor apresenta, também, uma alternativa para separar a avaliação das disciplinas da avaliação do projeto. Realizar uma avaliação individual de cada disciplina com exames estritamente compostos por questões teóricas, e a avaliação do projeto, isoladamente, abordará uma avaliação da aplicação da teoria e das competências pessoais e sociais desenvolvidas no trabalho do projeto. Destaca, ainda, que a autoavaliação é uma ótima ferramenta para medir o rendimento e seu progresso no processo de ensino-aprendizagem ao longo do projeto em PBL.

Deelman e Hoeberigs (2009) apresentam o processo de avaliação da Universidade de Maastricht com base no sistema desenvolvido na Faculdade de Medicina. Utilizam-se testes de conhecimento (provas dissertativas e de múltipla escolha) para avaliar os conhecimentos que julgam necessários que os alunos dominem ao final do curso, sendo eles: evolutivos – os alunos fazem uma mesma avaliação quatro vezes ao longo do curso, independentemente do semestre que estejam estudando; e finais. Para avaliar o desenvolvimento de atitudes dos alunos (tais como: comunicação, análise crítica, procedimento médico ou prescrição de exames e interpretação dos resultados) organiza-se a cada ano o circuito de Avaliações Clínicas Estruturais e Objetivas, que consiste em pequenas sessões de 5 a 10 minutos nas quais o aluno deve solucionar determinada situação e um examinador qualifica a atuação do aluno. Por fim, a pasta de trabalho que os alunos devem realizar é acumulativa e formativa, pois é um instrumento utilizado para avaliar as competências do aluno no final do curso. Essa pasta reúne informações sobre os pontos fortes e fracos do processo de ensino-aprendizagem no decorrer do curso, e seu objetivo é refletir sobre a construção do próprio conhecimento e de seus objetivos de aprendizagem e experiências ao longo de sua formação acadêmica.

Araújo e Arantes (2009, p. 114-115) apontam que as avaliações na disciplina de Resolução de Problemas, na USP Leste, buscam um equilíbrio entre a perspectiva processual e formativa com um olhar voltado tanto para os conteúdos quanto para o desenvolvimento das seguintes competências: o convívio social; a organização do tempo de estudos e o desenvolvimento de projetos; comunicação científica e cotidiana; e aquisição de autoconhecimento e senso de responsabilidade social. O processo avaliativo contempla a produção de um relatório parcial e um relatório final por grupo a cada semestre, o relatório parcial compõe 30% da nota final e o relatório final 70% (esses relatórios são avaliados pelos professores, pelo estudante e pelo grupo). O resultado das avaliações, em seguida, é traduzido em conceitos que variam de 0 a 10 e é composto por quatro avaliações, a saber:

- O relatório científico é avaliado pelo professor-tutor com peso 5.
- A participação, a responsabilidade e o desempenho no desenvolvimento do trabalho são avaliados individualmente para cada aluno pelo professor-tutor com peso 10.

- Os seminários de apresentação dos relatórios parcial e final são avaliados por outros professores, excluindo-se o tutor, que atribuem uma nota única (média das notas dos professores) para a apresentação de cada grupo com peso 3. O olhar avaliativo está voltado para a qualidade da apresentação oral, estética da apresentação, respostas às perguntas realizadas e a qualidade do relatório impresso.

- A autoavaliação e a avaliação pelos pares são realizadas em um encontro coletivo do professor-tutor com o grupo e ambas recebem peso 1. O aluno atribui uma nota a si mesmo e o grupo confere uma nota para cada membro, que é discutida coletivamente. Essas avaliações são baseadas na participação, no respeito ao grupo, na responsabilidade e no desempenho do trabalho.

Na Universidade de Linköping, cada semestre é uma unidade e termina com uma avaliação acumulativa, de "fase" clínica, na qual é selecionado um aspecto problemático, e o aluno tem algumas horas para procurar bibliografia pertinente, resumir os resultados da pesquisa e mostrar as alternativas possíveis para resolver o problema. Além dessa avaliação, realizam-se as avaliações trimestrais, que são de natureza teórica e científica básica e compostas por dois exames, um escrito e/ou oral e outro prático. Essas avaliações incluem análise de artigo científico cujo nível de complexidade aumenta no decorrer do curso (DAHLE; FORSBERG; SEGERSTAD; WYON; HAMMAR, 2009).

Tamayo (2009) apresenta o processo avaliativo da Escola Universitária de Enfermagem de Vall d'Habron, em Barcelona. A avaliação formativa é realizada por meio dos seguintes instrumentos, a saber: grupo de orientação, prova escrita, programas de habilidade e práticas clínicas. No primeiro, avaliam-se a responsabilidade, as habilidades de aprendizagem, a comunicação e as relações interpessoais. A prova escrita é uma avaliação individual, na qual o aluno responderá questões sobre o seu plano de estudos e demonstrará os conhecimentos adquiridos. As práticas clínicas avaliam a aplicação prática dos conhecimentos em situações reais, e os programas de habilidades são avaliados conforme os objetivos estabelecidos e apresentam continuidade ao longo do curso. Por outro lado, a avaliação da competência do professor é realizada por meio do formulário de Avaliação da Competência do Supervisor, que apresenta entre seus objetivos: facilitar a aprendizagem, promover o pensamento crítico dos estudantes, promover o funcionamento eficiente e eficaz do grupo, entre outros.

Branda (2009, p. 226) relata que os estudantes da Universidade de McMaster, no Canadá, desenvolveram um instrumento de avaliação denominado de "salto triplo" que permite uma avaliação individualizada do aluno, e é possível trabalhar com fases de resolução de problemas para cada etapa de aprendizagem em que o aluno estiver.

Ribeiro (2010) avaliou o processo de ensino-aprendizagem da disciplina ministrada com PBL nos cursos de graduação de Engenharia da Produção e de Engenharia Civil e de pós-graduação em Engenharia da Produção, da seguinte forma: a avaliação de desempenho englobou a autoavaliação e a avaliação pelos pares (peso 4 cada uma); avaliação dos relatórios e as apresentações ao final de cada problema (peso 3 cada uma); avaliação final por meio de entrevistas com os alunos (peso 3) com objetivo de debater questões conceituais abordadas no decorrer do módulo; e, por fim, realizou junto aos alunos uma avaliação do processo educacional.

Ribeiro e Escrivão Filho (2011) aplicaram o PBL no contexto de uma disciplina em uma universidade pública do estado de São Paulo. A nota final dos estudantes é composta das seguintes avaliações: após o término do trabalho com o problema, todos os estudantes preenchem os formulários para a avaliação do processo de trabalho com o problema e, além desse formulário, o líder de cada grupo realiza a autoavaliação e a avaliação pelos pares. Os professores avaliaram os relatórios e as apresentações das soluções apresentadas pelos grupos e, ainda, os alunos foram submetidos a duas provas dissertativas (uma ocorreu no meio e a outra no final do semestre) baseadas em literatura utilizada na solução dos problemas.

O Quadro 4.2 destaca os principais elementos avaliativos utilizados nas abordagens descritas anteriormente.

Instituição	Autores	Instrumentos de Avaliação no PBL
Universidade de Aalborg (Dinamarca)	Stig Enemark e Finn Kjaersdam	• Relatório final (trimestral); • Projeto (semestral); • Exposição individual; • Debate; e • Avaliação individual.
	Egon Moesby	• Relatório; • Documento de reflexão; • Exposição; • Apresentação em grupo; • Avaliação individual; e • Autoavaliação.
Universidade de Maastricht (Países Baixos/Holanda)	Annechien Deelman e Badet Hoebering	• Testes de conhecimento (prova de evolução e provas finais); • Sessões para solução de problemas práticos; e • Pastas de trabalhos.
Universidade de São Paulo – USP Leste (Brasil)	Ulisses F. Araújo e Valéria Amorim Arantes	• Relatório científico parcial; • Relatório científico final; • Socialização em seminários; • Participação; • Autoavaliação; e • Avaliação pelos pares.
Universidade de Linköping (Suécia)	Lars Olav Dahle, Pia Forsberg, H. Hard af Segerstad, Yvonne Wyon e Mats Hammar	• Avaliação de fase clínica; • Avaliações escritas ou orais; e • Avaliações práticas.
Escola Universitária de Enfermagem de Vall d'Habron (Barcelona)	Maria Dolors Bernabeu Tamayo	• Grupo de orientação; • Prova escrita; • Programas de habilidades; • Práticas clínicas; e • Avaliação da competência do orientador.
Universidade MacMaster (Canadá)	Luis A. Branda	• Salto triplo.
Universidade Federal de São Carlos (Brasil)	Luis Roberto de Camargo Ribeiro	• Autoavaliação; • Avaliação pelos pares; • Relatórios; • Apresentações; • Entrevista com grupos; e • Avaliação do processo educacional.

Instituição	Autores	Instrumentos de Avaliação no PBL
Universidade de Valley	Di Marks-Maran e B. Gail Thomas	• Portfólio teórico-prático; • Estudo de caso baseado em problemas; e • Redação modificada.
Uma universidade pública do Estado de São Paulo (Brasil)	Luis Roberto de Camargo Ribeiro e Edmundo Escrivão Filho	• Autoavaliação; • Avaliação pelos pares; • Provas; e • Apresentações.
Universidade de Multimedia (Malásia)	Gillian Xiao-Lian Tai e May Chan Yuen	• Autoavaliação; • Avaliação pelos pares; • Relatório; • Avaliação de conteúdo; e • Portfólio.

Quadro 4.2 *Instrumentos de avaliação em experiências com PBL.*

Fonte: Adaptado de Marks-Maran e Thomas (2000), Tai e Yuen (2007), Araújo e Sastre (2009), Ribeiro (2010) e Ribeiro e Escrivão Filho (2011).

Salienta-se que no PBL a avaliação é realizada por diversos instrumentos, e cabe ao docente escolher os métodos contidos nas abordagens apresentadas que atendam adequadamente aos objetivos educacionais propostos no curso, na disciplina ou no semestre e ao tempo destinado às avaliações, de tal forma que haja uma proporção ideal entre todas as atividades inseridas no processo de ensino-aprendizagem.

SUGESTÕES DE LEITURA:

Para conhecer mais sobre o processo avaliativo em PBL, recomendam-se as seguintes leituras:

- ARAÚJO, U. F.; SASTRE G. (Orgs.). *Aprendizagem baseada em problemas no ensino superior.* São Paulo: Summus, 2009.

- FREZATTI, F.; MARTINS, D. B.; BORINELLI, M. L.; ESPEJO, M. M. S. B. Análise do desempenho de alunos na perspectiva do CHA em disciplina utilizando PBL: o que significa a síntese? In: CONGRESSO USP DE CONTROLADORIA E CONTABILIDADE, XIV, São Paulo-SP, 21 a 23 de julho, 2014. *Anais...* Disponível em: <http://www.congressousp.fipecafi.org/web/artigos142014/375.pdf>. Acesso em: 30 jan. 2015.

- MACDONALD, R.; SAVIN-BADEN, M. *A briefing on assessment in problem-based learning.* LTSN Generic Centre, Series n. 13, 2004. Disponível em: <ftp://www.bioscience.heacademy.ac.uk/Resources/gc/assess13.pdf>. Acesso em: 30 jan. 2015.

05

RELATOS DE EXPERIÊNCIA EM PBL NO ENSINO SUPERIOR

As entrevistas com especialistas e professores no ensino com o PBL revelaram o relato de experiências e as vantagens/desvantagens de vivências com a abordagem do PBL. As entrevistas realizadas com os especialistas em PBL ocorreram no primeiro semestre de 2013 e optou-se por realizar a entrevista com os professores que utilizam PBL no ensino de Controle Gerencial no segundo semestre de 2013, após a conclusão da disciplina.

5.1 Experiência com PBL na Ásia na voz da professora doutora Nachamma Sockalingam

A entrevista com a professora Nachamma Sockalingam ocorreu em abril de 2013. A professora é doutora em Filosofia, e seu objeto de estudo foi o problema no PBL. Atualmente, é gerente sênior do centro de excelência de ensino da Singapure Management University onde trabalha com o *Problem Based Learning*. A pesquisadora relata a sua experiência vivenciada com o PBL na abordagem *One Day, One Problem* utilizado na Republic Polytechnic, primeira instituição educacional de Cingapura a utilizar o modelo curricular em PBL. Sockalingam veio ao Brasil para conhecer como o método PBL está sendo difundido no país, especialmente na área das ciências sociais aplicadas.

5.1.1 A estrutura de PBL utilizada

A experiência relatada por Sockalingam em Cingapura contempla o modelo educacional de aprendizagem baseada em problema em que cada dia é um problema diferente, denominado de *One Day-One Problem Learning Process*, na Republic Polytechnic. De acordo com os relatos apresentados por Sockalingam, Martins e Frezatti (2014) o módulo consiste em 16 aulas, uma por semana, e é composto por 15 problemas, um para cada aula, sendo que a última aula é destinada à avaliação final. As aulas são compostas por 25 alunos, que em cada aula de PBL trabalham divididos em cinco grupos de cinco integrantes, contando com o auxílio de um professor-tutor.

Sockalingam relata que, nessa abordagem, o professor:

> [...] que elabora os problemas muitas vezes é o próprio tutor, porém o tutor pode ser outra pessoa. Elaborar o problema significa preparar o módulo cujo tema central é dividido em quinze encontros com quinze problemas que o integram. Todos os alunos estudam o mesmo problema.

Complementando, Sockalingam descreve que na sua realidade os professores são os responsáveis pela elaboração dos problemas e, também, desenvolvem

> [...] um plano de ensino para cada módulo contendo instruções sobre a sequência de cada problema, por que este é o primeiro problema, por que o segundo, por que o terceiro, além de relatar o motivo da utilização de cada ferramenta educacional – seja uma história, uma figura, entre outros. Após trabalhar com a integração no módulo, é descrito o problema para cada aula e contextualizado, ou seja, é realizado um projeto para cada problema. Na sequência, é apresentada a avaliação: o que será avaliado? Qual parte será avaliada? Além disso, os docentes que elaboraram os problemas também preparam as aulas expositivas, pois para cada problema há uma aula expositiva cuja proposta é apresentar ao aluno o objetivo e o motivo de trabalhar com o problema determinado, relatar a interligação do problema desta semana com o problema da semana anterior, qual é a relação desse problema com o tema estudado, além de disponibilizar material didático complementar no web site.

Cabe destacar que o processo de aprendizagem com cada problema tem duração de oito horas, conforme a estrutura apresentada a seguir (SOCKALINGAM; MARTINS; FREZATTI, 2014):

- Sessões para orientações: introdução do problema; introdução do PBL; formação dos grupos; e seleção do problema.

- Primeira Sessão tutorial: tem duração de uma hora para discutir em grupo com o tutor o tema. Nesse momento, o aluno encontra *on-line* um resumo do problema e discute em grupo e com o tutor quais são seus conhecimentos prévios que auxiliam a resolver o problema e aqueles que precisam ser pesquisados sobre o problema, além de identificar os objetivos da aprendizagem.

- Primeiro ciclo de estudos independentes: os alunos analisam profundamente o problema e direcionam a aprendizagem para os objetivos educacionais.

- Primeira Sessão de socialização: tem duração de duas horas e os alunos apresentam os seus achados.

- Avaliação: ao final das apresentações, o professor resume a discussão realizada pela turma e ressalta os pontos principais que foram identificados e aqueles que foram omitidos, corrige os erros de interpretação e promove uma integração, apresentando, com base no que foi abordado pelos alunos, uma abordagem mais correta do problema.

- Segunda Sessão tutorial: tem duração de uma hora para discutir com o tutor o projeto. Os estudantes retornam ao grupo e inicia-se a discussão com o tutor sobre os achados provenientes das pesquisas e dos estudos realizados individualmente e em grupo.

- Segunda Sessão de socialização: tem duração de duas horas e os alunos apresentam os seus achados. Nesse momento, toda a sala está integrada e participa de forma a ampliar o aprendizado sobre o exposto pelos outros grupos. Os grupos apresentam seus achados e na sequência é promovida uma discussão com os demais alunos; além disso é disponibilizado um *feedback* individual para cada grupo das avaliações realizadas pelos estudantes dos outros grupos e pelo tutor.

- Entre as sessões tutoriais e as socializações dos resultados: os alunos desenvolvem as atividades trabalhando independentemente e em colaboração no grupo.

- Os alunos desenvolvem a autoavaliação e a avaliação pelos pares de cada integrante de seu grupo e elaboram um relato reflexivo do seu próprio processo de aprendizagem.

A experiência relatada por Sockalingam é similar à abordagem de PBL utilizada na Universidade de Maastricht, na Holanda, que envolve os sete passos apresentados por Schmidt (1983). Observa-se que na estrutura pedagógica apresentada por Sockalingam o

> *[...] PBL é instruído aos alunos por meio dos tutores e dos professores que além de serem tutores são aqueles que elaboram o problema. [...] Você tem um problema e o desmembra em pequenas partes, assim, trabalha passo a passo com os estudantes a abordagem do PBL. Para os alunos do primeiro ano é uniforme para todos os ingressantes [...], os 400 alunos trabalham com o módulo "Pensamento cognitivo e resolução de problemas". Já no segundo e no terceiro anos, a abordagem é trabalhada com aulas mistas em que se encontram alunos de diferentes cursos tais como contabilidade, microbiologia, e dos cursos da área politécnica. Então são centenas de alunos estudando o mesmo problema.*

5.1.2 O processo avaliativo

Nessa experiência internacional, Sockalingam destaca que a avaliação contempla três componentes, a saber: o conteúdo; a prática; e as competências atuais (pensamento crítico, criatividade, trabalho colaborativo, como os alunos trabalham independentemente e a atuação dos líderes e outras funções). No processo avaliativo são utilizados quatro instrumentos: o teste de conhecimento; a observação docente; a apresentação individual; e a avalição reflexiva. A avaliação do conhecimento ocorre da seguinte forma:

> *[...] para avaliar o que os alunos entenderam sobre o tema, após o quarto problema é aplicado o teste de conhecimento. Este não aborda questões de livro-texto, mas, sim, alguma coisa com o PBL, no qual é dado um contexto real, com o qual serão avaliados o que o aluno aprendeu, como ele resolveu o problema, qual é o foco abordado, ou como ele direcionou o conteúdo aprendido.*

A observação do docente, segundo Sockalingam, é utilizada para avaliar

> *[...] como os alunos trabalham com os problemas em sala de aula, se ocorre o trabalho colaborativo, se os alunos estão realizando a pesquisa independente. Na observação avaliativa do docente são realizadas algumas perguntas, anota-se o tipo de perguntas que os alunos realizam se são simples,*

básicas ou complexas. A partir do segundo encontro o que eles sabem e o que eles não sabem, os tutores passam grupo por grupo.

A professora Sockalingam relatou que ao final de cada aula há a apresentação do grupo e a avaliação individual de cada aluno. Além disso, os alunos realizam a autoavaliação e a avaliação pelos pares, que nessa experiência é denominada de

[...] uma reflexão sobre o aprender a aprender, abordando os pontos positivos do trabalho em grupo, o que poderia ter sido feito para melhorar isso. O objetivo dessa avaliação é ajudar os alunos a terem uma aprendizagem reflexiva.

5.1.3 Os recursos utilizados e o ambiente de aprendizagem em sala de aula

De acordo com Sockalingam, Martins e Frezatti (2014), o modelo educacional da Republic Polytechnic e o ambiente de aprendizagem são dedicados ao PBL, pois a instituição atua há dez anos com essa abordagem a nível curricular.

Assim, toda a estrutura física foi concebida para suportar o PBL. As salas de aula foram projetadas com mesas e cadeiras para atender o processo de aprendizagem baseado no trabalho em equipe e são tecnologicamente muito bem equipadas. Contêm projetor multimídia e *softwares* que permitem aos alunos a busca e a troca de matérias. Todos os materiais de aprendizagem e a submissão de avaliações são realizados por meio do Ambiente Virtual de Aprendizagem, bem como as avaliações, que são executadas *on-line*.

5.1.4 Dificuldades no processo de planejamento, execução e acompanhamento do PBL

No relato da experiência vivenciada por Sockalingam, é possível verificar que a principal dificuldade encontrada na implantação do PBL está relacionada à postura e à cultura, tanto do professor quanto do aluno, conforme trecho a seguir:

> *Trabalhar o professor que está chegando e não tem a formação para tra-balhar com o PBL, não tem nem ideia do que é o PBL, e estão tão acostu-mados a lecionar que não aceitam o desafio da mudança. Por ser a primei-ra experiência dos alunos com o PBL, eles não têm ideia do que é o PBL. Pois, é muito usual o aluno ir para a sala de aula se sentar e não ter lido o material antes da aula. A visão deles do professor é: "Você fala comi-go, você me ensina". Agora, com o PBL é diferente, eles têm como desafio realizar o trabalho, eles buscam a informação, porém eles não estão acos-tumados a isso. Eles não sabem como fazer isso. Então, eles ficam muito frustrados e avaliam negativamente o PBL.*

Nessa perspectiva, Sockalingam destaca que *"a orientação dos alunos e dos professores sobre o PBL é muito importante, eles precisam estar mentalmente prepara-dos para pensar: o que é PBL? Por que mudou para o PBL?"*

SUGESTÃO DE LEITURA:

Sugere-se a leitura do artigo a seguir, que relata as principais diferenças entre os modelos de PBL utilizados na FEA/USP e na Cingapura:

• SOCKALINGAM, N.; MARTINS, D. B.; FREZATTI, F. Practical issues in implementing problem-based learning: an international perspective. In: INTERNATIONAL CONGRESS PAN PBL 2014, 8, Concepción, Chile, 2014. *Anais...* Disponível em: <http://ubiobio.cl/pbl2014/t/2013109-141013.docx>. Acesso em: 30 jan. 2015.

5.2 Experiência com PBL na Escola de Artes, Ciências e Humanidades da Universidade de São Paulo na voz do professor doutor Ulisses Ferreira Araújo

A entrevista com Ulisses Ferreira Araújo foi realizada em maio de 2013, um pesquisador importante de PBL no Brasil, professor da Escola de Artes, Ciências e Humanidades da Universidade de São Paulo, traba-lhou na implantação do currículo com a abordagem do PBL nesta Insti-tuição de Ensino Superior.

A Escola de Artes, Ciências e Humanidades (EACH), conhecida como USP Leste, utiliza desde a sua implantação em 2005 até os dias atuais (2013) em seu currículo o PBL por meio de duas disciplinas. Araújo comenta que a USP Leste foi concebida conforme modelo aplicado na Universidade de Aalborg, na Dinamarca, que trabalha com o projeto por meio de um problema. Destaca que a diferença entre o PBL e a abordagem com projeto está *"entre o individual e o coletivo, Aalborg trabalha o coletivo"*. Assim, complementa afirmando que *"o PBL pode ser trabalhado com um problema individualmente, já no trabalho com projetos exige uma aprendizagem coletiva"*. Aponta que *"no trabalho com projeto, o que interessa é o trabalho em equipe e não o individualizado. No mundo do trabalho, hoje, tudo é em equipe, coletivo, cooperativo e colaborativo"*.

Cabe destacar que na USP Leste, no início, o PBL era *"obrigatório no primeiro ano em duas disciplinas [...] mudaram isso lá. Agora, está no primeiro e no sexto período e no restante o professor faz o que quer"*. Ou seja, não é um curso com o currículo integralmente em PBL, porém *"em 2009 foi realizada uma pesquisa na qual 50% dos professores afirmavam trabalhar com os princípios do PBL nas suas disciplinas tradicionais, mas isso não tem controle"*. Assim, entende-se que o PBL não é a essência do currículo.

A disciplina resolução de problema ministrada por Araújo utiliza por abordagem a metodologia ativa de aprendizagem centrada em projetos e baseada em problemas *(Project and Problem Based Learning)*. Araújo conta que *"é uma disciplina de quatro horas-aulas, dentro do ciclo básico [...] faz parte do projeto da escola, está inserida no currículo. [...] a disciplina é oferecida para os 1000 alunos como obrigatória em todos os cursos"*. A mesma está inserida no eixo denominado de "ciclo básico". Cabe destacar que na USP Leste o currículo está dividido em três eixos (ARAÚJO; ARANTES, 2009) e, segundo o relato do professor, *"a USP Leste foi pensada para que os outros dois eixos fossem voltados para o problema"*.

De acordo com Araújo, a disciplina está inserida no currículo como uma disciplina obrigatória a todos os alunos da USP Leste, que promove a interdisciplinaridade com disciplinas tradicionais específicas. Iniciou-se com o modelo de PBL apresentado por Araújo e Arantes (2009, p. 107)[1] no capítulo "Comunidade, conhecimento e resolução de problemas: o projeto acadêmico da USP Leste", no qual os processos acadêmicos de resolução de problemas são desenvolvidos por grupos de estudantes que:

---

[1] O modelo de PBL utilizado na disciplina resolução de problemas evidenciado na obra de Araújo e Arantes (2009) está elencado, também, no item 3.1 deste livro.

- identificam problemas na realidade;

- discutem um problema particular;

- utilizam os conhecimentos e experiências na busca de respostas para o problema abordado;

- levantam uma série de hipóteses que podem resolver o problema;

- investigam as hipóteses levantadas e apontam possíveis respostas para solucionar o problema;

- preparam um relatório acadêmico contendo reflexões teóricas e análises sobre o problema estudado; e

- socializam os resultados do projeto desenvolvido com a turma.

Atualmente, segundo o relato de Araújo, o *"design thinking"* está sendo aplicado na disciplina de resolução de problemas, para o qual não basta

> *[...] resolver um problema, mas apresentar uma solução ao problema que seja inovadora. [...]. Eu trabalho de forma que o aluno ao conhecer o problema, busca informações [...] desde o ano passado, o aluno não vai só conhecer o problema, ele vai buscar uma solução inovadora para o problema [...] e não vale reproduzir algo que já se tem. Eu não vou pedir para eles simplesmente estudarem e conhecerem um determinado fenômeno, eles trabalham quatro meses em busca de uma solução criativa, inovadora e prática para os problemas.*

No tocante aos elementos do PBL, destaca-se que, embora a disciplina possua um módulo com um tema único para todos os alunos, a proposta relatada por Araújo enfatiza que cada grupo busca um problema a ser trabalhado no projeto durante o semestre, de acordo com a realidade em que o aluno está inserido. Pois, segundo o pesquisador, o problema se configura de duas formas:

> *O aluno constrói o problema. Um problema para cada grupo. O aluno aprende a problematizar o mundo [...] ele está no ciclo básico. Mas quando o projeto está na formação profissional, o problema é dado pelo curso então você precisa que o aluno aprenda determinadas características de conteúdo da formação profissional.*

Araújo salienta que as abordagens ativas de aprendizagem trabalham na resposta de um problema, sendo que o princípio da abordagem está *"na mudança do papel do aluno e do professor em sala de aula, é isso que interessa"* e possuir *"vínculo com o real"*.

Na sequência, Araújo aponta que a principal característica do bom professor que trabalha com o PBL é primeiro *"acreditar nessa perspectiva e segundo estar aberto a fugir do ensino tradicional. O PBL é conceitualmente uma metodologia ativa de aprendizagem"*. Destaca que o *"professor tem que acreditar nisso"* e aponta que a política de formação atual dos docentes, na USP Leste, é *"pela prática dos professores"*, sem um curso de preparação para atuar com a metodologia do PBL.

5.2.1   O processo avaliativo

Para Araújo, a avaliação do projeto envolve conteúdo, habilidades e atitudes. Ele afirma que *"é fundamental avaliar o aluno"*. Conforme evidenciado por Araújo e Arantes (2009), os instrumentos avaliativos utilizados na disciplina de Resolução de Problemas são: os relatórios científicos parcial e final, a socialização em seminários, a participação dos discentes, a autoavaliação e a avaliação pelos pares. Conforme o relato de Araújo, nesta disciplina:

> *Há oito anos venho trabalhando com essa fórmula que a USP desenvolveu. Esta fórmula que está no livro,[2] ela é global, ela envolve o conteúdo do projeto, ela envolve uma avaliação individual, isso seria 90% da avaliação, 5% é autoavaliação e 5% é avaliação do grupo de trabalho. [...] se você trabalha com projeto e dá prova, não faz o maior sentido. Eu não dou prova porque eu não vou avaliar conteúdo. [...] No meu caso agora tem que ter um produto. O relatório é a descrição do processo de construção do produto. Os protótipos são utilizados para testar duas ou três vezes para chegar ao final, com o protótipo já testado na realidade. O produto final volta para o mercado. O aluno tem que levar o produto final para interagir com a realidade.*

No tocante à autoavaliação e à avaliação pelos pares, Araújo afirma que são

---

[2]   A fórmula e os instrumentos avaliativos da disciplina resolução de problemas estão evidenciados no item 4.2 deste livro, com base na obra de Araújo e Arantes (2009).

> *[...] fundamentais para o trabalho em grupo, em equipe e são simplesmente formativas, para os meus alunos [...] são duas avaliações [...] eles vão atribuir uma nota para si mesmo e uma nota para os colegas; e eles discutem em grupo a avaliação.*

5.2.2 As dificuldades, as vantagens e as desvantagens no processo de planejamento, execução e acompanhamento do PBL

Assim como evidenciado na experiência internacional por Sockalingam, Araújo também enfatiza que a principal dificuldade está relacionada à cultura dos professores, *"porque eles querem ir lá dar aula, são professores na grande maioria formados [...] pelo método tradicional e eles aprenderam assim e continuam ensinando assim"*, fato este que impactou no processo de planejamento, execução e acompanhamento do PBL ao longo dos anos. Pois Araújo relata que *"a falta de mudança de cultura do docente da universidade que quer autonomia [...]"* acarretou em:

> *[...] uma mudança forte que aconteceu faz dois anos [...]. Antes para cada turma você tinha cinco professores em sala de aula. [...] Agora são dois em sala de aula. Então, já não é a mesma coisa. A proposta era um professor para cada dois grupos de doze. Agora, é um para cada quatro [...].*

No tocante às vantagens e desvantagens da abordagem das metodologias ativas de aprendizagem, cujo *"propósito é trabalhar na resposta de um problema"*, Araújo afirma: *"Eu só vejo vantagens. Eu acho que o trabalho individual para mim é inconcebível. A vantagem é você formar o aluno para o mundo real."* Em outro trecho Araújo complementa afirmando que *"o vínculo com o real é a lógica da metodologia ativa de aprendizagem"*.

Outra vantagem apresentada por Araújo está atrelada ao trabalho com projetos, pois destaca as principais características de um projeto, a saber:

> *O projeto permite inovação, o problema tradicional não traz inovação. O projeto permite abertura para o novo. Se o projeto for aberto você não sabe onde ele termina. Ele permite a criatividade e a inovação. O projeto permite romper com a compartimentalização das disciplinas, porque ele não é disciplinar. Então, ele avança no sentido da interdisciplinaridade. O proje-*

> *to permite trabalhar na concepção de complementar o outro na formação profissional, que é aprender a lidar com a incerteza e a indeterminação.*

Na sequência, Araújo relata os benefícios do trabalho com projeto em relação ao ensino tradicional:

> *No ensino tradicional o professor sabe o que o aluno vai aprender e no mundo do trabalho você não sabe. Então você precisa formar pessoas para lidar com esse mundo da incerteza e da indeterminação. E, o projeto permite isso, porque você tem um problema mais amplo e você não sabe qual é a resposta. Se o professor e o aluno não souberem a resposta, não sabem aonde isso vai chegar. Então, isso permite inovar, lidar com a incerteza e a indeterminação.*

Assim, ao trabalhar com projeto na formação acadêmica, o trabalho em equipe é fundamental; se um aluno não realiza adequadamente a tarefa a ele designada dentro do grupo prejudica a todos.

Na voz de Araújo, é possível verificar que existem diversas vantagens em utilizar metodologias ativas de aprendizagem, porém a sua disseminação esbarra nas dificuldades, principalmente, culturais para expandi-las no ensino brasileiro. Fechamos o relato de sua experiência na disciplina de Resolução de Problemas na USP Leste com a seguinte fala:

> *As pessoas não estão acostumadas a trabalhar em equipe [...]. Esse tipo de formação não acontece no Brasil, ela está muito defasada. É diferente hoje, as principais universidades no mundo estão trabalhando com isso. Elas não estão falando de PBL e sim de metodologias ativas de aprendizagem. Trabalho em equipe, sempre!*

SUGESTÃO DE LEITURA:

Para conhecer mais sobre a aplicação do PBL na Escola de Artes, Ciências e Humanidades da Universidade de São Paulo, sugere-se:

- ARAÚJO, U. F.; ARANTES, V. A. Comunidade, conhecimento e resolução de problemas: o projeto acadêmico da USP Leste. In: ARAÚJO, U. F.; SASTRE, G. (Orgs.). *Aprendizagem baseada em problemas no ensino superior.* (pp. 101-122). São Paulo: Summus, 2009.

5.3 Experiência com PBL na Faculdade de Economia, Administração e Contabilidade da Universidade de São Paulo

5.3.1 Na voz do professor titular Fábio Frezatti

A entrevista com o professor doutor Fábio Frezatti, docente titular do Curso de Ciências Contábeis da Faculdade de Economia, Administração e Contabilidade da Universidade de São Paulo e professor responsável pela disciplina Solução de Problemas em Controle Gerencial, aconteceu em outubro de 2013. Frezatti é o idealizador da proposta e ministra essa disciplina optativa com a abordagem em PBL desde 2011.

A terceira rodada da disciplina realizou-se no primeiro semestre de 2013. De acordo com o relato da experiência de vida, Frezatti afirma que a disciplina surgiu de *"dois eixos de motivação"*, sendo o primeiro *"transformar a disciplina em algo mais prático"* e o segundo *"que aquilo que eu estava usando, na verdade não nessa disciplina, mas na graduação, na minha opinião está se esgotando"*. Para Frezatti o principal objetivo da disciplina Solução de Problemas em Controle Gerencial é auxiliar na formação de *"um profissional mais pragmático no entendimento de um problema, organizar a solução e efetivamente contribuir para essa solução"*.

Na visão de Frezatti, o professor no PBL *"não vai ter monotonia"* e precisa estar atento aos seguintes elementos e estar disposto a aceitá-los: *"demanda muito tempo no ponto de vista do entendimento do que está acontecendo"*, pois o professor trabalha com *"o inesperado, você não sabe o que vem, você não sabe o que vai acontecer, não sabe o que vai ter que fazer, com que tipo de tensão você vai lidar ou estímulo"*. Frezatti enfatiza que se o professor não tem esse perfil e *"não queira isso, não queira esse ambiente de desafio, o PBL não é o caminho. Esse é o caminho que deve ser esquecido, pois o PBL só vai trazer a necessidade de estar alerta"*.

Observou-se que a maioria dos alunos inscritos estava cursando o último ano de Ciências Contábeis e Ciências Atuariais. Porém, com a integração de alunos de Ciências Contábeis e de Ciências Atuariais gerou-se a seguinte discussão apresentada por Frezatti, a saber: *"o aluno de Contabilidade já tinha os conhecimentos para entrar naquela sala e desenvolver a atividade, mas o aluno de Atuária não"*. Complementa afirmando que, embora tenham sido trabalhados com *"uma ambiguidade neste sentido"*, para as próximas rodadas da disciplina os *"temas devem permitir tratar ou dar escopo para abordar isso de uma forma mais interessante"*, ou seja, embora os alunos de Contabilidade já apresentem um conhecimento prévio sobre planejamento, orçamento, indicadores, entre outros, os alunos de Ciências Atuariais não o possuem e deveriam ser ajudados.

5.3.1.1 Processo avaliativo

A disciplina de Solução de Problemas em Controle Gerencial apresentou diferentes instrumentos avaliativos no decorrer de sua trajetória, conforme relata Frezatti, comparando o processo avaliativo da primeira (2011) e da segunda turma (2012) com aquele desenvolvido na turma de 2013.

- Os instrumentos avaliativos utilizados na primeira turma:
  - avaliação prévia;
  - prova escrita;
  - apresentação dos trabalhos; e
  - relatórios científicos.

De acordo com Frezatti, não foram realizadas a autoavaliação e a avaliação pelos pares nos moldes utilizados na turma de 2013, pois foi apenas *"realizada uma conversa dentro dos grupos no sentido de evidenciar uma diferenciação de nota. Uma coisa muito mais simples em termos de estruturação"*.

- Os instrumentos avaliativos utilizados na segunda turma:
  - prova escrita;
  - apresentação dos trabalhos; e
  - relatórios científicos.

Frezatti aponta que conhecia todos os alunos, exceto um, entre os que cursaram a disciplina e, por esse motivo, não houve a necessidade da realização da avaliação diagnóstica antecedendo o início das aulas, conforme trecho a seguir: *"Então, eu os conhecia, eu sabia como eles eram."* Relata também a dificuldade em relação à parceria realizada com outro professor: *"quem estava comigo não entendia nada de PBL, e na verdade tinha dificuldade de colaborar, pois estava aprendendo, mas num nível bem básico"*. Além disso, informou que *"a nota foi muito parecida na questão de projeto, trabalho final e provas. Isso foi igual. Mas, não houve uma avaliação posterior e não houve a avaliação pelos pares. Essas duas coisas não aconteceram".*

Frezatti apresenta a sua satisfação ao relatar seu ponto de vista sobre os resultados encontrados após o término do processo avaliativo, pois os alunos *"se saem muito bem na apresentação dos projetos e nas recomendações. Isso para mim foi muito bom! Uma percepção de orgulho, de mostrar que sabe. Muitas vezes não sabemos dar valor".* Por outro lado, existe a *"frustração em relação a prova, que nós tentamos entender o que eles aprenderam sobre a técnica, aí é frustrante, porque eu realmente esperaria um conhecimento maior. Mas isso para mim reflete bem o jeitão da geração".*

Na perspectiva da avaliação de competências, ou seja, não visar apenas ao conhecimento angariado pelo aluno no decorrer da disciplina, como também para as habilidades e para as atitudes, Frezatti afirma que *"são olhares diferentes".* Mensurar o quanto de conhecimento o aluno adquiriu é:

> *[...] importante. Ele sempre vai ser importante. Porém, as habilidades e as atitudes são possíveis de serem capturadas pelo acompanhante do processo, existem alguns subsídios informais ou na avaliação final, como essa que aconteceu na última turma, que de alguma forma ela fecha o processo.*

O professor destacou, ao contar sobre a sua experiência na aplicação da autoavaliação e da avaliação pelos pares, que estas *"trouxeram uma responsabilidade para o grupo",* e destacou que para as próximas turmas deixaria

> *[...] mais claro a necessidade da autoavaliação e da avaliação pelos pares no início do curso, ou seja, eu tenho a impressão que teria uma preparação melhor da turma para a reação. Pois, a autoavaliação mostra uma coisa que não conseguimos perceber de outra maneira e, independentemente, de você acreditar que aquela nota é uma nota adequada.*

Pode-se finalizar esse tema com o relato a seguir, em que Frezatti não aponta apenas um único instrumento de avaliação para captar o objetivo esperado pelo professor na disciplina, pois para ele *"não teve um instrumento que melhor captou, acho que é o conjunto e, também, não sei se a ponderação pode ser igual em qualquer turma. Elas são únicas e vão ter uma lógica".*

5.3.1.2 As dificuldades, as vantagens e as desvantagens no processo de planejamento, execução e acompanhamento do PBL

Segundo Frezatti a disciplina, na sucessão das turmas, foi acontecendo de forma *"não balanceada, nós fomos estudando a literatura, e aplicando; lendo o que tínhamos e fomos aprendendo, implementando, e muita coisa é possível fazer de várias maneiras"*. Destaca que o próprio planejamento da disciplina pode ter linhas diferentes, a saber: pode-se *"gastar muito tempo com a problematização ou não; gastar muito tempo com a definição do problema ou definir um problema; ou definir um problema dentro de um subcampo [...]"*. Assim, para Frezatti as grandes dificuldades são *"entender como as diferentes linhas de PBL se relacionam e, como naquele ambiente, as opções seriam exercidas. Além de ter muita energia para fazer os ajustes"* se necessários.

As dificuldades de operacionalização do PBL para Frezatti envolvem o aluno e o professor, este *"de alguma forma tem que correr atrás do material, tem que gerar material para os problemas que vão aparecendo e ele não sabe quais são os problemas. Por outro lado, não pode dar todo o material senão o aluno não aprende a pesquisar"*. Aquele que está vivenciando a sua primeira experiência no PBL e *"não está acostumado com a disciplina vai demorar um certo tempo para entender que existem lógicas diferentes"*. Assim, complementa afirmando que o *"equilíbrio na agressividade é um aspecto importante para ser encontrado"* nessa perspectiva.

A principal vantagem elencada por Frezatti ao utilizar o PBL é a *"integração da teoria e da prática"*, pois o PBL *"atinge um grau de praticidade maior com a perspectiva **do contexto**. O aluno entende o conceito dentro de um certo contexto. Isso é muito bom! Isso vale muito!"* Por outro lado, dentre as desvantagens aponta que para trabalhar com a abordagem ativa de aprendizagem, com formação de grupos faz-se necessária:

> [ ] uma estrutura diferente da estrutura tradicional: espaço, local para reuniões, tempo para reuniões, mais pessoas envolvidas, pois apenas um professor na sala de aula é complicado, depois de um tempo pode até ser simples, mas a princípio não é.

Destaca, ainda, como uma possível desvantagem a comparação que o aluno realiza entre as diversas disciplinas ao longo do curso, conforme trecho a seguir: *"no sentido de que você não tem uma resposta certa [...]. As pessoas precisam entender essa dimensão e isso não é muito tranquilo"*. No PBL os problemas são abertos e permitem que o aluno apresente diversas respostas sem ter uma resposta prévia elaborada pelo professor, conforme as metodologias tradicionais.

Fecha-se este quesito com a seguinte colocação de Frezatti: *"Então, eu diria o seguinte, que tem uma gestão forte, a gestão do PBL que é uma coisa que exige estar preparado e querer que seja desenvolvido."*

5.3.2 Na voz do professor doutor Márcio Luiz Borinelli

A entrevista com o professor doutor Márcio Luiz Borinelli foi realizada em novembro de 2013. O professor atuou como Coordenador do Curso de Ciências Contábeis e Atuariais da Faculdade de Economia, Administração e Contabilidade da Universidade de São Paulo no período de 2013-2014 e como professor da disciplina Solução de Problemas em Controle Gerencial, em 2013, em parceria com o professor doutor Fábio Frezatti.

De acordo com o relato de Borinelli, *"esta foi a primeira vez que eu ministrei a disciplina"* com abordagem em PBL. Em seu ponto de vista, corroborando com o relato apresentado por Araújo, que os professores aprendem na prática a utilizar o PBL, Borinelli afirma que *"os professores precisam ter a experiência. Foi o que aconteceu comigo, eu só passei a ter motivação de fato quando eu fui até a disciplina e eu pude praticar, aí eu acho que a ideia do trabalho conjunto é muito bem-vinda"*, pois o professor responsável pela disciplina é o Professor Doutor Fábio Frezatti. Segundo Borinelli, a experiência de trabalhar em parceria com outros professores em sala de aula no desenvolvimento da disciplina Solução de Problemas em Controle Gerencial foi uma grande vantagem, pois, conforme relata:

> *[...] essa é uma disciplina que, quando se trabalha com mais de um professor em sala de aula, quando você tem essa troca de ideias, ela é importante. E, neste caso nós tínhamos três. [...]. Então isso gerou um trabalho muito interessante.*

No relato de Borinelli é possível observar que a metodologia ativa de aprendizagem por meio de problemas atende aos anseios dessa geração de alunos, Geração Y. O PBL é uma abordagem que beneficia a formação dos futuros profissionais tanto do curso de Ciências Contábeis quanto de Ciências Atuariais, conforme destaca o trecho a seguir, sobre a configuração do ambiente atual de ensino-aprendizagem e de seus personagens (alunos e professores):

Dado ao ambiente atual que a gente tem configurado, quer dizer alunos totalmente impacientes, muita tecnologia e muita informação. Então, eu acho que a gente precisa de estratégias diferentes, e como esse é um curso eminentemente prático. Então, eu acho que é fundamental, porque esta metodologia permite aprender os conceitos e as técnicas pela aplicação prática e, além de tudo, eu acho que o aluno depois vai ter uma metodologia que ele vai poder aplicar na vida real dele. Então por essa razão eu entendo que ela é muito benéfica.

Assim, pode-se observar que é possível *"mudar a nossa forma de ensino. Eu consegui entender no PBL que ele de fato é uma metodologia que permite isso"*. Complementando a evidência apresentada por Araújo, Borinelli destaca que uma das vantagens do PBL é o vínculo com o real, porém com maior ênfase na formação prática do futuro profissional contábil. Continuando, é possível observar no relato da experiência do coordenador que o papel desenvolvido pelos alunos e pelos professores na abordagem do PBL é apresentado como uma das vantagens da abordagem ativa de aprendizagem. Borinelli aponta que o PBL:

[...] tira muito o foco do professor e vai muito para o foco do aluno. Então, assim, uma das grandes vantagens é entender e aceitar que de fato a metodologia permite abordagens diferenciadas das tradicionais para os nossos cursos, tanto o de Ciências Contábeis quanto Ciências Atuárias. [...] permite o desenvolvimento de fato do aluno. Quer dizer, se o aluno entra no processo e se ele realmente se envolve.

No ponto de vista de Borinelli

[...] o PBL não ajuda o aluno apenas durante o curso, mas ele é uma metodologia que vai ajudar o aluno a resolver problemas da vida real, no ambiente profissional dele, a partir desta metodologia. Então, a nossa expectativa era que ao final da disciplina o aluno entendesse de forma prática como é que ele pode lidar, principalmente, com os problemas na área de controle gerencial usando as etapas da metodologia. Então, ele conhecesse o que era a metodologia, soubesse aplicar a metodologia, para que, em situações futuras que ele se envolva, de forma autônoma possa aplicar a metodologia.

Observa-se que, no tocante ao problema, Borinelli evidencia que mudaria o formato, acrescentando um viés diferente para essa questão, por ser a primeira experiência dos alunos com a metodologia do PBL, e aumentaria a carga horária da mesma para quatro créditos:

> *[...] nós teríamos sempre dois problemas simultâneos, um problema único para toda a sala, que seria o problema-base para o aluno aprender a trabalhar a metodologia, como na medicina, o professor traz o problema e todos os alunos se debruçam e discutem o problema. Eu acho que isso criaria mais interesse porque você gera o debate. E, cada grupo vai ter o seu trabalho paralelo que tem que ser concluído até o final da disciplina.*

Em diferentes momentos no decorrer da entrevista, Borinelli apresentou a sua preocupação no tocante à motivação do aluno na disciplina Solução de Problemas em Controle Gerencial e propôs como sugestão que outras disciplinas no início do curso já trabalhassem com a abordagem ativa de aprendizagem, assim os alunos estariam mais bem preparados e já teriam maior conhecimento sobre a metodologia e, consequentemente, teriam maior motivação para desenvolver as atividades dessa disciplina. Conforme os trechos a seguir: *"se essa metodologia fosse aplicada mais no começo do curso, agora eles chegariam aqui diferente"*.

> *[...] eu gostaria de fazer uma experiência com uma disciplina mais de começo de curso, porque na minha percepção um aluno em começo de curso tem mais interesse, porque muitos ainda não estão estagiando, muitos ainda não escolheram a área que irão seguir e eles ainda não estão com aquela cabeça de "falta só isso". O aluno de final de curso, ele está contando o tempo para acabar, e o aluno de início de curso não.*

Para Borinelli as principais desvantagens apontadas no desenvolvimento da disciplina com abordagem em PBL foram:

- O momento em que a disciplina foi ofertada: *"boa parte dos alunos estão do meio do curso para o final"*;
- Necessidade dos alunos de cumprir todos os créditos: *"eu não me convenci de que os alunos estavam totalmente interessados na disciplina pela disciplina, talvez muitos estivessem ali pela necessidade de cumprir créditos"*;

- Dedicação e motivação dos alunos na disciplina: *"os alunos não terem, além do possível desinteresse, não terem uma dedicação real à disciplina"*; e

- Carga horária da disciplina: *"como ela é uma disciplina de dois créditos, ou seja, de duas horas-aulas por semana, eu acho que era difícil você fazer com que o aluno entendesse a metodologia e já aplicasse ao longo do semestre. Então, eu acho que se a gente tivesse a possibilidade de fazer a disciplina em quatro créditos, onde a gente pudesse ter duas atividades simultâneas, uma onde o aluno entende a metodologia com uma aplicação mais didática, mais hipotética da disciplina conduzida pelo professor com exercícios, e outra onde o aluno de fato faça o trabalho prático de aplicação do PBL, eu acho que isso traria mais vantagens para o aprofundamento da disciplina"*.

Principais mudanças sugeridas por Borinelli a serem realizadas na disciplina:

- *Eu aumentaria a quantidade de créditos da disciplina, faria a disciplina de quatro créditos, podendo ser dois encontros por semana ou um único encontro de quatro horas-aulas.*

- *Eu gastaria mais tempo fazendo atividades práticas de entendimento da metodologia antes deles aplicaram em problema real.*

- *Os alunos teriam mais atividades práticas nas diversas sessões; atividades de entrega mesmo, pois o aluno ainda não tem uma cultura de autodisciplina.*

5.3.2.1 *Mudanças no processo avaliativo*

Em relação ao processo avaliativo, Borinelli evidencia que se faz necessário repensar alguns quesitos, a saber:

> *[...] os elementos avaliativos são bons, o que deveria ser pensado é a forma de aplicá-los tanto em termos de peso como a questão de conseguir fazer com que de fato os instrumentos mensurem conhecimentos, habilidades e atitudes. Eu acho que conhecimento ficou bem coberto pelos critérios, habilidade e atitudes nem tanto.*

Para Borinelli o relatório final e a avaliação pelos pares foram os instrumentos avaliativos que melhor captaram o objetivo da disciplina:

> [...] o relatório final permitiu entender se o aluno de fato compreendeu a metodologia. [...] a avaliação pelos pares foi muito interessante porque ajudou a confirmar que é possível aplicar a autoavaliação e a avaliação pelos pares, eu senti que no geral a turma foi sincera nos quesitos.

Na opinião de Borinelli, a autoavaliação e a avaliação pelos pares *"foram os dois melhores instrumentos avaliativos utilizados"*. A vantagem desses instrumentos foi a possibilidade de *"no geral ter capturado a sinceridade dos alunos, acho que isso foi importante. E os instrumentos eu acho que eles foram bem desenvolvidos"*. Por outro lado, a desvantagem evidenciada por Borinelli está centrada na:

> [...] falta de tempo que nós tivemos para nos debruçar sobre isso e de discutirmos mais os nossos instrumentos. Se nós tivéssemos entrado com esses instrumentos prontos já no início da disciplina [...] eu acho que a gente poderia ter mais segurança sobre eles.

Corroborando o relato de Frezatti, Borinelli aponta como uma possível desvantagem o fato que *"os alunos não conheciam claramente a cara do instrumento desde o início da disciplina, eles sabiam que seriam chamados a avaliar essas coisas, mas se ele tivesse já recebido isso ele estaria mais atento"*.

Por fim, Borinelli fecha o quesito relatando que a principal vantagem desses instrumentos, de autoavaliação e de avaliação pelos pares, *"é o desenvolvimento do aluno, ajudá-lo a desenvolver a maturidade e a responsabilidade"*.

5.3.2.2 Infraestrutura e projeto político-pedagógico

Para sanar as deficiências de **infraestrutura humana** na aplicação das metodologias ativas como o PBL, faz-se necessário *"treinar os nossos professores [...], fazer um treinamento com um especialista, temos que fazer um curso e trazer a preparação para os professores, uma preparação pedagógica"*. Além disso, relata a necessidade do trabalho em conjunto entre os professores em uma turma com o PBL, pois

> [...] não é muito fácil você operacionalizar isso sozinho dentro de uma disciplina. Então a figura do monitor é imprescindível, talvez o trabalho em parceria entre os professores, turmas com números adequados [de alunos]. Então, a gente precisa de uma estruturação nesse sentido.

Ainda, destaca que

> [...] temos uma mão de obra muito útil, que nos ajuda muito aqui, que são os alunos de pós-graduação que trabalham na monitoria. Então, isso ajudaria muito. E, a parte de estrutura física e treinamento dos docentes é bem fácil de operacionalizar.

A **infraestrutura física** é composta por *"salas de aulas que são em sua maioria no formato tradicional"*. Faz-se necessário repensar algumas salas que permitam que *"a metodologia se desenvolva, seja numa discussão de grupo para toda a sala, seja na discussão dos grupos individuais, dos pequenos grupos"*. A **infraestrutura tecnológica** atual permite um suporte necessário para o desenvolvimento da disciplina, pois a universidade disponibiliza a plataforma do *"Erudito® para a troca e o acompanhamento de trabalhos e tem a plataforma Moodle®"*.

Referente ao projeto político-pedagógico dos cursos de Ciências Contábeis e de Ciências Atuariais, não há projeção de implantação do PBL na matriz curricular dos cursos, pois segundo Borinelli *"nós nunca fizemos uma discussão no departamento sobre a questão de transformar o curso num formato de PBL"*. Porém, enfatiza e motiva os professores a utilizarem o PBL como metodologia ativa de aprendizagem, conforme o trecho a seguir:

> [...] se for para trabalhar na questão de disciplinas isoladas que apliquem a metodologia, não acho que sejam necessárias grandes transformações do projeto pedagógico, agora se de fato for fazer um currículo completo, híbrido com PBL, precisará se reestruturar.

Uma dificuldade apontada por Borinelli referente à operacionalização do PBL no tocante aos quesitos de infraestrutura institucional está no fato de *"trabalhar com turmas menores em disciplinas obrigatórias [...]. Hoje as nossas turmas têm em média 50 a 60 alunos. Talvez, eu não consiga dividir uma turma de 60 alunos em duas de 30"*. Complementa informando que nesse caso seria necessário *"ter dois professores, um para cada turma, então a questão de ter gente suficiente para topar isso não é muito fácil"*. Porém, termina discutindo que todas as dificuldades de operacionalização do PBL *"são operacionalizáveis; algumas um pouco mais difíceis"*.

> ### Sugestões de Leitura:
>
> Leia os materiais a seguir para conhecer mais sobre a aplicação do PBL na disciplina de Solução de Problemas em Controle Gerencial, ministrada na FEA/USP.
>
> - FREZATTI, F.; SILVA, S. C. Prática *versus* incerteza: como gerenciar o estudante nessa tensão na implementação de disciplina sob o prisma do PBL? *Revista Universo Contábil*, v. 10, p. 28-46, 2014. Disponível em: <http://proxy.furb.br/ojs/index.php/universo-contabil/article/view/3539/pdf_1>. Acesso em: 30 jan. 2015.
>
> - MARTINS, D. B. *Avaliação de habilidades e de atitudes em abordagem de problem-based learning no ensino de controle gerencial*. 2013. Dissertação (Mestrado em Contabilidade). Programa de Pós-Graduação em Contabilidade, Universidade Federal do Paraná, Curitiba, Paraná. Disponível em: <http://dspace.c3sl.ufpr.br:8080/dspace/handle/1884/34593>. Acesso em: 30 jan. 2015.

06

APLICAÇÃO DE PBL EM CONTABILIDADE

6.1 Aplicação de PBL em controle gerencial

A experiência apresentada neste capítulo refere-se à disciplina optativa Solução de Problemas em Controle Gerencial, oferecida pelo Departamento dos cursos de Ciências Contábeis e de Ciências Atuariais da Faculdade de Economia, Administração e Contabilidade da Universidade de São Paulo, que foi idealizada pelo professor titular Fábio Frezatti[1] em 2011. A disciplina tem por abordagem a aprendizagem centrada em projetos e baseada em problemas (*Project and Problem Based Learning*), pois foi concebida conforme o modelo utilizado na USP Leste, que tem por essência a abordagem educacional da Universidade de Aalborg, na Dinamarca.

O relato apresentado refere-se à terceira rodada da disciplina que aconteceu no primeiro semestre de 2013. O Quadro 6.1 evidencia os principais dados da disciplina.

Principais Dados da Disciplina	
Disciplina	Solução de Problemas em Controle Gerencial
Professor Responsável	Professor Titular Fábio Frezatti
Professor Participante	Professor Doutor Márcio Luiz Borinelli

---

[1] A experiência relatada neste item do livro teve como alicerce a entrevista realizada no dia 10 de outubro de 2013, via Skype, com o professor doutor Fábio Frezatti e a vivência como tutora da disciplina de Solução de Problemas em Controle Gerencial por parte de Daiana Bragueto Martins.

Principais Dados da Disciplina	
Monitora	Professora Mestre Daiana Bragueto Martins
Público-Alvo	Alunos dos cursos de Ciências Contábeis e Ciências Atuariais
Local	Faculdade de Economia, Administração e Contabilidade da Universidade de São Paulo
Modalidade de Oferta	Optativa e semestral
Carga Horária	32 créditos (2 horas-aulas por semana)
Objetivo Educacional	Identificar, analisar e propor soluções para problemas de controle gerencial emergentes das empresas brasileiras.
Estratégia de Ensino	Aprendizagem centrada em projetos e baseada em problemas (*Project and Problem Based Learning*)
Característica Essencial da Disciplina	Os professores apresentam o tema da disciplina e as equipes de alunos escolhem na realidade profissional o problema a ser trabalhado no decorrer do semestre (um problema por semestre para cada grupo).

Quadro 6.1 *Dados da Disciplina.*

A disciplina de duas horas-aulas semanais, composta por 32 créditos, contou com a participação efetiva de 38 alunos(as), sendo 18 do curso de Ciências Atuariais e 20 do curso de Ciências Contábeis; foram formados 7 grupos de trabalho compostos no máximo por seis estudantes e sob a orientação dos três professores.

Destaca-se que esta é a única disciplina nas grades curriculares dos cursos de Ciências Contábeis e de Ciências Atuariais da FEA-USP, SP, que utiliza o PBL como abordagem de aprendizagem. A disciplina está alocada no final dos cursos, e para 100% dos estudantes esta foi a primeira experiência com o PBL.

Os principais benefícios propostos pela disciplina foram:

- **adquirir e utilizar** uma base de conhecimento estruturada, envolvendo problemas reais encontrados no campo de atuação do profissional em questão;

- **experimentar** processo de solução de problema estruturado, eficaz e eficiente;

- **avaliar** a solução proposta levando em conta diferentes realidades e pressões profissionais; e
- **desenvolver** competências (conhecimento, habilidade e atitude) do contador gerencial.

6.1.1 Características essenciais da disciplina e os elementos do PBL

Na disciplina, o tema e os conteúdos foram definidos pelos professores, enquanto os problemas trabalhados pelas equipes foram selecionados pelos alunos em parceria com os docentes. O tema do semestre para essa turma foi: **Impactos dos artefatos e das informações gerenciais sobre a gestão das organizações.**

Os processos acadêmicos de resolução de problemas que alicerçaram a disciplina no primeiro semestre de 2013 envolvem sete grupos de estudantes, que atuaram da seguinte maneira:

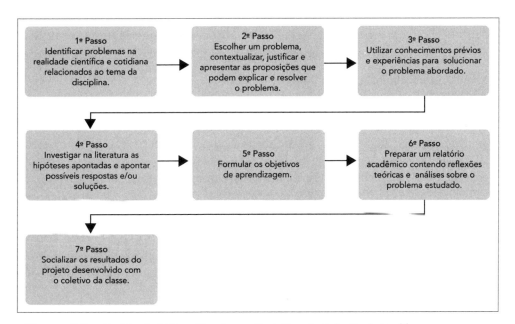

Figura 6.1 *O ciclo do PBL utilizado na disciplina de Solução de Problemas.*

Fonte: Adaptado de Schmidt (1983, p. 13), Wood (2003, p. 329) e Araújo e Arantes (2009, p. 107).

A operacionalização do método do PBL ocorreu com a formação dos grupos de maneira espontânea; na sequência, realizou-se um *brainstorming* para identificar o problema empresarial a ser trabalhado pelo grupo na disciplina que fosse relacionado ao tema proposto para o semestre. Cada aluno buscou na sua realidade profissional um problema e, entre os problemas apresentados, cada grupo escolheu apenas um para trabalhar durante todo o semestre. Os alunos que intermediariam a relação entre a empresa e o estudo (grupo) foram denominados líderes. Depois de ter acesso à empresa e escolhido o problema, o grupo trabalhou na estruturação do projeto. Os alunos buscaram na literatura fundamentação para as proposições elencadas na investigação do problema proposto pela equipe.

No modelo de PBL utilizado na disciplina em questão, cada grupo trabalha no decorrer da disciplina (um semestre) com um único problema extraído da realidade e integrado, por meio de um projeto, ao tema da disciplina.

Os problemas trabalhados na disciplina de PBL, quando identificados pelo aluno na empresa em que atua profissionalmente, encontram respaldo nos trabalhos de Gordon (1998) e Ribeiro (2010), que os categorizam como problemas que pedem soluções reais por pessoas ou organizações reais. Esse processo tem por finalidade envolver o aluno na exploração de uma área específica de estudo, cujas soluções são potencialmente aplicáveis em seus contextos de origem.

Ato contínuo, foram realizadas as sessões tutoriais com intuito de promover a troca de experiência e discussão sobre o problema entre os alunos e os professores, de modo a se alcançar a aprendizagem das competências propostas. Por fim, os resultados são apresentados nos relatórios e socializados com a turma.

O trabalho em grupo foi desenvolvido tanto em sala de aula como em reuniões de grupo extraclasse. Os professores forneceram referencial teórico básico, ficando sob a responsabilidade dos alunos a busca pela informação necessária para solucionar o problema, fosse na Internet, na biblioteca ou junto a especialistas (RIBEIRO, 2010).

Durante as aulas com o PBL, os alunos foram o centro do processo de ensino-aprendizagem, pois são os sujeitos ativos no processo de construção do conhecimento (CYRINO; TORALLES-PEREIRA, 2004). Nesse ambiente educacional, o aluno precisa assumir a responsabilidade pela sua própria aprendizagem, pois nesta abordagem ocorre a delegação de autoridade com responsabilidade sobre a aprendizagem aos alunos; os docentes assumiram o papel de prepará-los para serem aprendizes por toda a vida (MILNE; MC-CONNELL, 2001).

Os docentes atuaram como facilitadores e tutores dos sete grupos formados pelo total de estudantes que cursaram a disciplina, realizaram intervenções no sentido de auxiliar os alunos no processo de solução dos problemas, esclarecendo conceitos equivocados para a turma toda. Os docentes interagiram com os grupos de forma a sintetizar o conhecimento construído a cada aula, principalmente nas sessões tutoriais, e buscaram alavancar os grupos deficitários ao estágio em que a maioria dos grupos se encontrava nas várias fases da disciplina, de forma a ter uma participação igualitária para todos os grupos (RIBEIRO, 2010).

A IES disponibilizou todos os recursos necessários para uso dos alunos, porém compete ressaltar que a sala de aula é um ambiente de ensino tradicional, em sala plana horizontal com carteiras padrão universitário, contendo projetor multimídia, som e ar condicionado, facilitando, assim, a realização das atividades em grupos.

O Quadro 6.2 apresenta como foram realizadas a divisão da carga horária e a transição da abordagem tradicional para o PBL, destacando como ocorreram a operacionalização do método e o processo avaliativo.

Carga Horária	Descrição das Aulas	Material Instrucional	Processo Operacional do PBL	Processo Avaliativo	*Feedback*
Aula 1	Apresentação do(s): • Programa da Disciplina; • Método PBL; • Objetivos da disciplina; • Cronograma de atividades; • Competências a serem desenvolvidas; • Instrumentos de Avalição. Formaram-se os grupos de trabalho.	**Disponibilizado pelos docentes via Ambiente Virtual de Aprendizagem:** o plano de ensino, a avalição diagnóstica e material contendo explicações sobre o método PBL.	**1º PASSO:** Identificar problemas na realidade científica e cotidiana relacionados ao tema da disciplina.	Avaliação diagnóstica realizada *on-line* pelos alunos.	
Aulas 2 a 4	Dividem-se em duas partes: Aulas expositivas sobre: • Conceitos e operacionalização do método PBL; e • O tema da disciplina e os conteúdos de Controle Gerencial; Trabalho em equipe: • Delimitação e contextualização do problema; • Elencam-se as principais proposições/hipóteses.	**Disponibilizado pelos docentes via Ambiente Virtual de Aprendizagem:** os vídeos instrucionais, as apresentações em *Power Point* e os artigos para leitura sobre os temas abordados em sala de aula.	**2º PASSO:** Escolher um problema, contextualizar, justificar e apresentar as proposições que podem explicar e resolver o problema.	Desenvolvimento do Relatório Parcial	Na aula 3 os alunos receberam *feedback* da avaliação diagnóstica e dos problemas escolhidos.

Carga Horária	Descrição das Aulas	Material Instrucional	Processo Operacional do PBL	Processo Avaliativo	Feedback
Aula 5	Apresentação do Action Research e Legitimação dos problemas pelos grupos: Os grupos apresentam para a turma o problema que irá compor os projetos no decorrer do semestre, até esse momento é permitida a troca de integrantes entre os grupos.	Disponibilizado pelos docentes via Ambiente Virtual de Aprendizagem: as apresentações em Power Point e os artigos para leitura sobre Action Research. Disponibilizado pelos discentes via Ambiente Virtual de Aprendizagem: a apresentação em Power Point contendo: problema, contexto, justificativa, hipóteses.	3º PASSO: Utilizar conhecimentos prévios e experiências para solucionar o problema abordado.	Desenvolvimento do Relatório Parcial	
Aulas 6 e 7	Sessões Tutorias Trabalho em equipe: os alunos discutem com os membros do grupo e com os docentes sobre o fenômeno observado (o problema, as hipóteses, a metodologia, a literatura pesquisada e o cronograma de trabalho).	Disponibilizado pelos docentes via Ambiente Virtual de Aprendizagem: três referências básicas sobre os conteúdos de controle gerencial envolvidos nos problemas trabalhados por cada projeto.	3º PASSO: Utilizar conhecimentos prévios e experiências para solucionar o problema abordado. 4º PASSO: Investigar na literatura as hipóteses apontadas e apontar possíveis respostas e/ou soluções. 5º PASSO: Formular os objetivos de aprendizagem. 6º PASSO: Preparar um relatório acadêmico contendo reflexões teóricas e análises sobre o problema estudado.	Desenvolvimento do Relatório Parcial	

Carga Horária	Descrição das Aulas	Material Instrucional	Processo Operacional do PBL	Processo Avaliativo	Feedback
Aulas 8 e 9	Socialização dos resultados parciais: Os grupos apresentam para a turma os resultados parciais de seus projetos, com discussões sobre o que precisa ser melhor aperfeiçoado em cada projeto para se obter a solução do problema proposto.	Disponibilizado pelos discentes via Ambiente Virtual de Aprendizagem: a apresentação em Power Point contendo a apresentação dos resultados parciais do projeto e o relatório científico.	7º PASSO: Socializar os resultados do projeto desenvolvido com o coletivo da classe.	Apresentação em grupo dos resultados parciais do projeto.	
Aula 10	Aplicação da Prova de conhecimento sobre os conhecimentos envolvendo: • Compreensão sobre o PBL; • Conceitos da disciplina; e • Compreensão do problema escolhido pelo grupo.			Prova individual	
Aulas 11 a 13	Sessões Tutorias. Trabalho em equipe: os alunos discutem com os membros do grupo e com os docentes sobre o fenômeno observado (solução do problema).		4º PASSO: Investigar na literatura as hipóteses apontadas e apontar possíveis respostas e/ou soluções. 5º PASSO: Formular os objetivos de aprendizagem. 6º PASSO: Preparar um relatório acadêmico contendo reflexões teóricas e análises sobre o problema estudado.	Desenvolvimento do Relatório Final	Na aula 11 os alunos receberam via Ambiente Virtual de Aprendizagem o relatório parcial com as correções e sugestões realizadas pelos docentes. Além da nota da apresentação e do relatório parcial. Na aula 13 os alunos receberam o feedback da prova de conteúdo.

Carga Horária	Descrição das Aulas	Material Instrucional	Processo Operacional do PBL	Processo Avaliativo	*Feedback*
Aulas 14 a 16	Socialização dos resultados parciais: Os grupos apresentam para a turma os resultados finais de seus projetos, com discussões sobre as contribuições e dúvidas dos demais colegas, bem como as principais contribuições para a sociedade da solução proposta, em especial, para a empresa na qual o problema estava inserido. O instrumento contendo a autoavaliação, a avaliação pelos pares e a avaliação da disciplina foi disponibilizado impresso e elaborado individualmente pelos alunos na última aula.	**Disponibilizado pelos discentes via Ambiente Virtual de Aprendizagem:** a apresentação em Power Point contendo a apresentação dos resultados parciais do projeto e o relatório científico.	**7º PASSO:** Socializar os resultados do projeto desenvolvido como o coletivo da classe.	Apresentação em grupo dos resultados parciais do projeto; Autoavaliação (individual); Avaliação pelos pares (individual).	As notas e o Relatório final com as devidas correções foram disponibilizados pelo Ambiente Virtual de Aprendizagem.

Quadro 6.2 *Passo a Passo da sala de aula.*

> **SUGESTÕES DE LEITURA:**
>
> Leia os materiais a seguir para conhecer mais sobre a aplicação do PBL na disciplina de Solução de Problemas em Controle Gerencial, ministrada na FEA-USP.
>
> - FREZATTI, F.; SILVA, S. C. Prática *versus* incerteza: como gerenciar o estudante nessa tensão na implementação de disciplina sob o prisma do PBL? *Revista Universo Contábil*, v. 10, p. 28-46, 2014. Disponível em: <http://proxy.furb.br/ojs/index.php/universo-contabil/article/view/3539/pdf_1>. Acesso em: 30 jan. 2015.
>
> - MARTINS, D. B. *Avaliação de habilidades e de atitudes em abordagem de problem-based learning no ensino de controle gerencial*. 2013. Dissertação (Mestrado em Contabilidade). Programa de Pós-Graduação em Contabilidade, Universidade Federal do Paraná, Curitiba, Paraná. Disponível em: <http://dspace.c3sl.ufpr.br:8080/dspace/handle/1884/34593>. Acesso em: 30 jan. 2015.
>
> Sugere-se a leitura do artigo a seguir sobre o processo avaliativo, na disciplina de "Solução de Problemas em Controle Gerencial", ministrada na FEA-USP:
>
> - FREZATTI, F.; MARTINS, D. B.; BORINELLI, M. L.; ESPEJO, M. M. S. B. Análise do desempenho de alunos na perspectiva do CHA em disciplina utilizando PBL: o que significa a síntese? In: CONGRESSO USP DE CONTROLADORIA E CONTABILIDADE, XIV, São Paulo-SP, 21 a 23 de julho, 2014. *Anais...* Disponível em: <http://www.congressousp.fipecafi.org/web/artigos142014/375.pdf>. Acesso em: 30 jan. 2015.

6.2 Aplicação de PBL em casos de controladoria

A professora doutora Adriana Maria Procópio de Araújo,[2] do Departamento de Contabilidade da Faculdade de Economia, Administração e Contabilidade de Ribeirão Preto da Universidade de São Paulo, atua com a abordagem do PBL desde 2007. Sua primeira experiência como docente utilizando o PBL foi na disciplina de Introdução à Contabilidade para o curso de Administração, sob a responsabilidade de sua aluna de mestrado, Edna de Almeida Rodrigues. Na sequência, trabalhou com essa proposta na disciplina de Contabilidade Introdutória no curso de Ciências Contábeis (2008) com sua

---

[2] A experiência relatada neste item do livro teve como alicerce a entrevista realizada no dia 13 de janeiro de 2015, via Skype, com a professora Doutora Adriana Maria Procópio de Araújo e o programa da disciplina disponível no *site* https://uspdigital.usp.br/jupiterweb/obterDisciplina?sgldis=RCC0433.

orientanda do programa de mestrado da FEARP, Mara Alves Soares. Atuou em cursos de MBA na área de Controladoria, com a disciplina de Controladoria e, atualmente, leciona a disciplina que envolve os fundamentos de Contabilidade Gerencial, denominada de Casos em Controladoria para os alunos de contabilidade, a qual é apresentada a seguir.

A disciplina Casos em Controladoria tem por abordagem a aprendizagem baseada em casos (*Case Based Learning*) que segue os passos apresentados por Schimdt (1983) na abordagem baseada em problemas, pois foi concebida conforme o modelo utilizado no curso de Medicina de Harvard, nos Estados Unidos. O Quadro 6.3 evidencia os principais dados da disciplina.

Principais Dados da Disciplina	
Disciplina	Casos em Controladoria
Professora Responsável	Professora doutora Adriana Maria Procópio de Araújo
Público-Alvo	Alunos dos cursos de Ciências Contábeis
Local	Faculdade de Economia, Administração e Contabilidade de Ribeirão Preto da Universidade de São Paulo
Modalidade de Oferta	Optativa e semestral
Carga Horária	30 créditos (2 horas-aulas por semana)
Objetivo Educacional	Realizar o desenvolvimento da análise crítica e propor soluções para casos práticos de Controladoria.
Estratégia de Ensino	Aprendizagem baseada em casos (*Case Based Learning*)
Característica Essencial da Disciplina	A aplicação de um estudo de caso em sala de aula, usando a metodologia do PBL. A professora apresenta para cada semana um estudo de caso e as equipes de alunos resolvem o(s) problema(s) apresentado(s) no caso (um caso a cada duas semanas).

Quadro 6.3 *Dados da Disciplina.*

A disciplina é de duas horas-aulas semanais (totalizando 100 minutos por semana), composta por 30 créditos. Conta com aproximadamente 45 alunos por turma, formando sete grupos compostos ora por seis, ora por sete integrantes. Os grupos são formados por meio do resultado apurado no teste de personalidade (KENET; BARUT, 2003), por gênero e por afinidades obtidas no teste entre os alunos. Ou seja, não há grupo formado apenas por mulheres ou por homens, nem grupos de alunos com bastante afinidade preexistente, pois eles são separados possibilitando, na visão da professora, uma melhor condição de trabalho nas aulas quando a assimetria de informação é reduzida. Assim, todos trabalham de forma igualitária dentro dos grupos.

Os principais benefícios propostos pela disciplina, segundo relatos da professora Adriana, foram:

- desenvolver a análise crítica e a habilidade de trabalhar em equipe;
- trabalhar com problema da vida real;
- buscar fontes seguras e realizar o processo de investigação, não aceitar o sim ou não como resposta, tem que falar o porquê; e
- envolver os alunos no processo de ensino-aprendizagem.

6.2.1 Características essenciais da disciplina e os elementos do PBL

Nessa disciplina, a operacionalização do PBL é parcial. Utilizam-se aulas tradicionais no início da disciplina e segue-se com a aplicação de estudo de caso em sala de aula, usando a metodologia do PBL, pois se ressalta um problema dentro do estudo de caso. Assim, cada caso contempla um tema que é trabalhado em equipes de estudantes, nos quais um deles assume o papel de líder e outro de secretário. O tempo que decorre o processo de ensino-aprendizagem é dividido, em sala de aula, em quatro momentos: discussão, apresentação, *feedback* e fechamento. No final, ocorre o processo avaliativo que fecha o ciclo. O Quadro 6.4 apresenta como foram realizadas a divisão da carga horária e a estrutura das aulas, destacando como ocorreram a operacionalização do método e o processo avaliativo.

Carga Horária	Descrição das Aulas	Recursos	Abordagem	Processo Avaliativo
Aula 01	Apresentação: • da disciplina; • do programa; • do plano de aula; • do calendário; • do docente; e • dos discentes. Nesta aula são discutidos os conteúdos que precisam ser abordados; e é situada a disciplina dentro da matriz curricular do curso, o conteúdo da disciplina é bastante enfatizado neste momento.	Plano de ensino e programa da disciplina.	Tradicional	
Aula 02	Apresentação do método PBL	*Slides* sobre o PBL	Tradicional	
Aula 02	Aplicação do teste de personalidade; e São formados os grupos de trabalho.	Teste de Personalidade	PBL	
Aula 03 e seguintes	Trabalho com o caso: • 10 minutos para leitura: o grupo se reúne e realiza uma leitura dinâmica do caso para relembrar o caso e ter base para a discussão; • 20 a 25 minutos para discussão; • 10 a 15 minutos para redação do relatório; • 15 a 20 minutos para a apresentação (no final de cada caso um grupo é sorteado para apresentá-lo); • 15 a 20 minutos para debate (um grupo é sorteado); • 15 a 20 minutos para o fechamento (docente argumenta e apresenta informações que não foram expostas nem pelo grupo apresentador nem pelo grupo debatedor; abre-se a discussão para a sala; a docente instiga os alunos que não apresentaram nem debateram a participarem).	Os alunos recebem o material para leitura sobre o caso uma semana antes (atividade extraclasse); Quadro e qiz.	PBL	• Relatório de cada caso; • Observação da docente; • Apresentação, debate e discussão do caso; e • Avaliação pelos pares.

Quadro 6.4 *Operacionalização das aulas na disciplina Casos em Controladoria.*

Nessa disciplina, se os grupos são formados por sete integrantes, serão trabalhados sete casos, pois se trabalha com casos menores e com vários conceitos. O grupo sempre vai ter um líder e um secretário, pois no decorrer das semanas ocorre o rodízio das funções, assim todos os participantes assumem em pelo menos uma aula a função de líder e em outra a de secretário. Desta forma possibilita-se o desenvolvimento da atitude de liderança por parte de todos os alunos.

O líder é o aluno que coordena a discussão, é escolhido normalmente por sorteio. O secretário reporta as discussões por meio de um relatório (WOOD, 2003; PINTO; SANTOS; PEREIRA, 2004). Todo caso tem um relatório que é entregue e faz parte do processo de avaliação. Para cada relatório, há um roteiro dos elementos que os alunos precisam abordar, assim se o grupo apresentou todos os elementos tem nota máxima; quando falta um ou mais itens, a nota é proporcional aos acertos.

Nessa abordagem, o processo avaliativo acontece para cada caso, ou seja, ao final de cada etapa. Outro elemento que compõe a nota do aluno é a avalição realizada pela observação da professora nos grupos. Ela percorre os grupos avaliando cada indivíduo, se estão trabalhando e participando das discussões. Ao final de cada atividade, aproximadamente a cada duas semanas, os alunos fazem a avaliação do grupo (avaliação pelos pares) cujo procedimento está relatado a seguir:

> Por exemplo, eu tenho no grupo de seis alunos, eu peço para eles: vocês irão avaliar quanto que o Antônio merece nessa semana de atividade, o João, o Pedro, a Natalia, etc. Em consenso, vocês irão realizar a avaliação de vocês mesmos. Trocam ideias. Vamos ver como vocês se avaliam. Eu tenho a minha avaliação [...]. Às vezes o aluno não quer dar dez para ele, aí os outros cinco falam: Não! você merece dez. [...] É muito legal! Eu só fico ouvindo. Às vezes, quando precisa, eu interrompo. Quando eles atribuem pouca nota, aí eu chego e falo, vocês não acham que ele participou muito, ele contribuiu com esse ponto, aí eles repensam. E, quando eu vejo que é exagerado, eu também dou uma opinião para equilibrar a atribuição da nota para baixo. Explico que o grupo aqui faltou discutir "tal coisa"; ou, ainda, vocês ficaram o tempo todo no WhatsApp, eu lembro, eu vi! [...]. Eu busco uma situação, para que eles mesmos enxerguem o que pode e o que não pode.

O papel da docente é de facilitadora, pois no decorrer das atividades do grupo ela fica um tempo com cada grupo, observando e auxiliando os alunos no andamento do processo de solução do caso, ou seja, auxilia-os a evoluírem pelos estágios do método, monitorando e incentivando os alunos a interagirem no decorrer da discussão realizada no grupo (HMELO-SILVER, 2004). Além disso, na apresentação e no debate do caso, a professora assume o papel de mediadora da situação, pois complementa os conceitos que não foram abordados pelos grupos. Para a docente, o professor no PBL:

> *[...] tem que estar muito preparado para o assunto, porque você não sabe o que vai acontecer na discussão. Pode ser que o grupo discuta muita coisa, e você não tenha praticamente nada para complementar. Pode ser que você aprenda com a apresentação, certo? O que muitas vezes acontece. Mas, pode ser, também, que falta muito conteúdo. Aí, você vai ter que pegar o fio da meada, ponto a ponto, e nesses dez minutos [de fechamento], fazer todo um apanhado para que a turma entenda aquele conteúdo.*

Entre os recursos utilizados, destaca-se que eventualmente utiliza-se algum vídeo curto de três a quatro minutos sobre o assunto. Nas aulas de apresentação do caso, são utilizados giz colorido e lousa, conforme relato:

> *Eu coloco a programação na lousa: caso tal, início tal, discussão tal e relatório tal [...]. O caso envolve esse tema. Conforme, eles falam, eu escrevo algumas palavras-chaves [...]. Então, eu faço um roteiro enquanto eles estão falando [...]. Aí, eu utilizo um giz de outra cor e anoto o que eles não falaram, porque aquilo é importante. Ao final da discussão eu passo ponto a ponto e discuto conceitualmente.*

Observa-se que, na abordagem utilizada pela professora Adriana, o aluno é o centro do processo de ensino-aprendizagem e trabalha em equipes para resolver um problema (SCHMIDT, 1983). Fato este que pode ser evidenciado no trecho a seguir:

> *Há o envolvimento total do aluno. O aluno se envolve no assunto, ele participa. Se ele não participar ele não vai aprender. Ele vai ter que fazer alguma coisa paralela para obter o conteúdo [...] O método é bem dinâmico, o aluno se sente muito útil. Essa moçada! Eles querem movimento. Eles querem atividade. Se você não envolvê-los, dali a pouco eles estarão com os smartphones nas mãos, passando mensagem, e você não tem mais como proibir isso [...]. Então, o envolvimento do aluno, é o que eu acho muito legal desse método. Todos os alunos falam sobre o mesmo assunto.*

Você faz os alunos se sentirem úteis. Assim, você busca temas, situações, contextualizações, em que o aluno terá que interagir com o grupo, falar, pesquisar para aprender.

SUGESTÕES DE LEITURA:

Leia os materiais a seguir para saber como é desenvolvido o PBL nas disciplinas e nas pesquisas realizadas por Adriana Maria Procópio de Araújo:

- ARAÚJO, A. M. P.; SLOMSKI, V. G. Active Learning Methods-An Analysis of Applications and Experiences in Brazilian Accounting Teaching. *Creative Education*, v. 4, p. 20-27, 2013. Disponível em: <http://www.scirp.org/journal/ PaperDownload.aspx?paperID=41425>. Acesso em: 30 jan. 2015.

- ARAÚJO, A. M. P.; FREGONESI, M. S. F. A.; SOARES, M. A.; SLOMSKI, V. G. Aplicação do método Problem-Based Learning (PBL) no curso de especialização em Controladoria e Finanças. In: CONGRESSO INTERNACIONAL PBL, São Paulo-SP, 2010. *Anais...* Disponível em: <http://www.tcm.sp.gov.br/Escola/ gpesquisa/vilma/ARTIGO_SOBRE_O_M%C3%89TODOLOGIAS_ATIVAS__PBL%20Artigo%209.pdf>. Acesso em: 30 jan. 2015.

- RODRIGUES, E. A.; ARAÚJO, A. M. P. O ensino da contabilidade: aplicação do método PBL nas disciplinas de contabilidade em uma instituição de ensino superior particular. *Revista de Educação*, Itatiba, v. X, p. 166-176, 2007. Disponível em: <http://sare.anhanguera.com/ index.php/reduc/article/download/ 225/223>. Acesso em: 30 jan. 2015.

- SOARES, M. A.; ARAÚJO, A. M. P. Aplicação do método de ensino Problem-Based Learning (PBL) no curso de Ciências Contábeis: um estudo empírico. In: CONGRESSO ANPCONT, 2, Salvador-BA, 2008. *Anais...* Disponível em: <https://www.furb.br/especiais/download/879756-215326/epc%20045%20-%20 index 3.php.pdf>. Acesso em: 30 jan. 2015.

- SOARES, M. A.; ARAÚJO, A. M. P.; LEAL, E. A. Evidências empíricas da aplicação do método Problem-Based Learning (PBL) na disciplina de contabilidade intermediária do curso de Ciências Contábeis. In: COIMBRA, Camila Lima (Org.). *Didática para o ensino nas áreas de administração e Ciências Contábeis*. São Paulo: Atlas, 2012, v. 1, p. 74-92.

- SOARES, M. A. *Aplicação do método de ensino Problem-Based Learning (PBL) no curso de Ciências Contábeis:* um estudo empírico. 2008. Dissertação (Mestrado em Controladoria e Contabilidade), Faculdade de Economia, Administração e Contabilidade, Universidade de São Paulo, Ribeirão Preto-SP. Disponível em: <http://www.teses.usp.br/teses/disponiveis/96/96133/ tde-19052008-134942/publico/MaraAlvesSoares.pdf>. Acesso em: 30 jan. 2015.

07

PRIMEIROS PASSOS: COMO APLICAR O PBL EM MINHA DISCIPLINA?

7.1 Exemplo de problema

Contexto

- A empresa Multinacional de construção civil, localizada na região Sudeste do Brasil, executa edifícios residenciais de luxo com mais de 20 andares, sendo que a maioria dos empreendimentos é composta por dois apartamentos por andar e visa atender ao público da Classe A, possuindo área superior a 200 m² por unidade habitacional. A empresa possui certificação ISO 9001:2008, pois zela pelos padrões de qualidade dos serviços na construção civil habitacional. Além disso, a empresa está no *ranking* das maiores e melhores construtoras do país.

- No decorrer do primeiro semestre de 2014, a empresa sofreu vários atrasos na entrega de seus empreendimentos, acarretando diversos prejuízos. Os atrasos oscilaram entre 15 e 30 dias para cada empreendimento que estava em andamento.

- Embora a empresa tenha acionado o seguro-construção, que reduziu o prejuízo financeiro, a mesma teve descontentamento muito elevado por parte dos clientes.

- Os gastos com a folha de pagamento aumentaram em aproximadamente 40% nesse período, pois muitas equipes de trabalho ficaram com tempo ocioso enquanto aguardavam que o problema fosse resolvido. Cabe destacar que determinados serviços da construção civil apresentam uma ordem obrigatória, isto é, quando um determinado segmento na obra atrasa, acontece o efeito cascata, afetando os serviços subsequentes a serem realizados.

- Observa-se que após três obras apresentarem atrasos na entrega, que caminhavam concomitantemente, a gestão da empresa reuniu-se para discutir as possíveis causas dos problemas que estavam acarretando tal situação.

- Por meio de uma consultoria técnica que apurou todos os procedimentos, verificou documentos, tais como orçamentos, fluxo de caixa, cronogramas físico-financeiros de cada obra, e entrevistou diversos funcionários, detectou-se que o problema do não cumprimento dos prazos das obras aconteceu devido aos seguintes motivos: na primeira obra houve atrasos de fornecedores referentes a entrega de tubos e conexões hidrossanitárias; na segunda obra houve atraso da equipe responsável (funcionários da empresa Multinacional) pelas instalações dos tubos e conexões e; na terceira obra ocorreram os dois problemas concomitantemente.

Problema
• Como resolver o problema na cadeia de valores da empresa sem aumentar o custo e atender os cronogramas de execução das obras?
Hipóteses
• Falta de planejamento e controle operacional;
• Gestão da cadeia de valores da empresa;
• Ausência de gestão de fluxo de caixa;
• Ausência de gestão de Recursos Humanos;
• Falta de integração dos sistemas informacionais;
• Falhas na gestão estratégica de custos; e
• Falhas no orçamento.
Conteúdos Abordados
• GECON;
• Cadeia de valor;
• Orçamento;
• Gestão Estratégica de Custos; e
• Sistema de informação gerencial.

7.2 Plano de Aula

A **estratégia de ensino** será a aprendizagem centrada em projetos e baseada em problemas (*Project and Problem Based Learning*). A **estrutura do PBL** utilizada nesta abordagem será a aplicação do método em determinado momento em uma disciplina convencional de Controle Gerencial, de Contabilidade Gerencial, de Controladoria e/ou de Orçamento.

O **corpo docente** poderá ser composto por um professor ou mais. O **público-alvo** serão os alunos do curso de Ciências Contábeis de uma das disciplinas citadas acima. Para uma turma composta de 30 alunos, formam-se 6 grupos de trabalho com 5 integrantes cada. Estima-se que para essa atividade seja necessário utilizar 20 **horas-aulas**.

O **objetivo educacional** é aproximar o aluno da prática profissional, ao propor soluções para problemas simulados da realidade empresarial brasileira. Além disso, busca-se com essa atividade desenvolver nos alunos as seguintes **competências**: pensamento crítico; capacidade de identificar, analisar e resolver problemas; trabalho em equipe; liderança; habilidades comunicacionais; e o conhecimento e aplicação dos artefatos de controle gerencial (orçamento, sistema de controle gerencial, cultura organizacional) em situações profissionais reais.

O processo de ensino-aprendizagem é exercido por meio da união de três elementos fundamentais: o problema, o aluno e o professor. Nesta proposta, o **problema** é apresentado pelo docente e o mesmo problema será trabalhado com a turma inteira. Neste caso, é possível que novas proposições sejam criadas e que diferentes soluções sejam apresentadas para o mesmo problema. O problema está enquadrado na categoria **cenário** de Ribeiro (2010), pois envolve simulação de prática profissional cujo objetivo é desenvolver competências necessárias para que o aluno seja bem-sucedido tanto na academia quanto no mercado de trabalho.

O **professor** é o facilitador, pois promove os vários estágios do PBL, acompanha o processo dos grupos, garante que todos os alunos estejam envolvidos no processo de solução do problema, avaliação a participação e o trabalho coletivo, cooperativo e colaborativo. O docente incentiva os alunos a participarem, permite que eles compartilhem livremente seus pensamentos nas discussões em grupo, certifica-se de que o grupo alcance os objetivos de aprendizagem, verifica a compreensão e avalia o desempenho. Cabe destacar que o professor facilitador não transmite conhecimentos, troca conhecimentos e experiências profissionais com os alunos. A **avaliação** do grupo e/ou individual para verificar se ocorreu o aprendizado, ou seja, a capacidade do aluno em atuar um contexto profissional real, acontece no decorrer das aulas.

O **aluno** é o centro do processo de ensino-aprendizagem e trabalha em equipes pequenas, de forma independente e colaborativa. Os alunos assumem a responsabilidade pela própria aprendizagem e são preparados para serem aprendizes para a toda a vida. Fazem perguntas, interagem com os colegas no grupo e com o professor e realizam a pesquisa em busca da solução do problema.

Para realizar a atividade com abordagem do PBL, fazem-se necessários os seguintes **recursos**: uma sala de aula com mobiliário que permita a formação de diversos grupos; projetor multimídia e som; laboratório de informática ou a possibilidade de os alunos utilizarem computadores pessoais; acesso à tecnologia da informação e da comunicação; base de dados para pesquisa e/ou disponibilizar acesso para que os alunos desenvolvam a pesquisa também via Internet; e um espaço físico que permita que os alunos se reúnam em grupos extraclasse.

Para essa atividade serão utilizados o ciclo do PBL adaptado de Hmelo--Silver (2004) e os sete passos propostos por Smith (1983), Wood (2003), Rogal e Snider (2008), conforme descrição do passo a passo apresentado no Quadro 7.1.

Aula	Carga Horária	Descrição
01	2 horas-aulas	• O processo de aprendizagem inicia-se com o docente explicando a abordagem do PBL; • O docente apresenta o cenário do problema aos discentes; • Quando necessário o docente disponibiliza um vídeo ou realiza uma aula expositiva sobre o principal tema abordado no problema, antes de os alunos terem acesso ao mesmo; • Formam-se os grupos; • São discutidos e esclarecidos os termos e os conceitos não compreendidos na apresentação do cenário; • Busca-se formular o problema ou os problemas; e • O problema pode ser disponibilizado integrado ao contexto ou não.
Atividade extraclasse	2 horas-aulas	• Os alunos se reúnem para atividades de estudos independentes, discutem e elencam os conhecimentos prévios que eles possuem sobre o problema.
02	2 horas-aulas	• Em grupo os alunos analisam e discutem o problema; • Identificam-se os fatos; • Formulam-se as hipóteses teóricas que são as possíveis explicações para a solução do problema; • As hipóteses devem integrar-se aos objetivos da aprendizagem; • Os alunos discutem por meio do conhecimento prévio e das suas experiências vivenciadas os conteúdos que eles já possuem sobre o problema; e • Nesta etapa, elabora-se um mapa conceitual dos conteúdos conhecidos e daqueles para os quais serão necessárias pesquisas para atenderem aos objetivos da aprendizagem, ou seja, para solucionar o problema.

Aula	Carga Horária	Descrição
Atividade extraclasse	4 horas-aulas	• A aprendizagem autônoma pode ser realizada em sala de aula e/ou extraclasse; e • O grupo divide entre os integrantes as tarefas em busca de informações adicionais, porém todos os integrantes devem pesquisar sobre os objetivos de aprendizagem, por meio de estudos independentes, tais como: referências bibliográficas, entrevistas com especialistas, entre outras fontes.
03	2 horas-aulas	• Os alunos compartilham com o grupo os novos conhecimentos adquiridos oriundos do estudo individualizado; e • Os estudantes discutem com os demais integrantes do grupo e com o professor sobre suas pesquisas e achados, avaliam o resultado proposto o complementam quando necessário.
Atividade extraclasse	4 horas-aulas	• Os alunos se reúnem para prepararem o relatório final contendo o problema, as hipóteses, os conteúdos teóricos, a metodologia utilizada para solucionar o problema, e a resolução do problema.
04	2 horas-aulas	• Entrega do Relatório Final; • Socialização dos resultados e debate com a turma; e • Entrega da autoavaliação, da avaliação pelos pares e da avaliação do método de instrução e do docente.
05	2 horas-aulas	• Apresentação do *feedback* do processo de ensino-aprendizagem com o PBL. Resultado das avaliações.

Quadro 7.1 *Passo a passo em sala de aula.*

7.3 Desafios e possíveis resistências da implantação do PBL em um currículo tradicional

Na aplicação do PBL em um currículo tradicional, podem ser observados alguns fatores que podem dificultar sua implantação. Elencamos abaixo para reflexão, tomada de consciência e preparação *a anteriori* para aqueles que se propõem a enfrentar esse desafio:

- O colegiado, a instituição de ensino, as experiências realizadas enquanto aluno, as características da disciplina ou a turma podem exigir do docente uma postura mais tradicional.

- Resistência por parte dos alunos, principalmente por aqueles que não estão acostumados com a construção do conhecimento e, sim, em receber o conhecimento pronto, alunos estes que esperam que a mola propulsora para a construção do conhecimento seja exclusivamente o professor.

- Algumas pequenas resistências isoladas são apontadas por parte de alguns estudantes quando sinalizam o desejo de voltar às metodologias de ensino tradicionais com aulas expositivas, centradas na figura dos professores e resolução de exercícios-padrão.

- A mudança de uma postura passiva para uma aprendizagem centrada nos alunos exige um trabalho de quebra de paradigmas para muitos estudantes. Estes elementos são apontados por Wood (2003) ao afirmar que uma desvantagem do método PBL é que o aluno muitas vezes quer, porém está privado do contato com um professor particular para sua turma e que promova aulas expositivas para um grupo maior de estudantes. Além disso, o autor enfatiza a sobrecarga de informação que os torna inseguros quanto à realização do estudo autodirigido e da seleção da informação útil e relevante.

- Ribeiro (2010) aponta que a imprecisão do conhecimento das teorias mais avançadas, o resgate, a aplicação e o aprimoramento por meio do estudo independente de um conhecimento já desenvolvido no decorrer do curso podem ser considerados como uma desvantagem do PBL para os alunos. Bem como o fato de os alunos estarem obrigados a caminhar conforme o ritmo do grupo.

- Escrivão Filho e Ribeiro (2008) afirmam que os alunos podem não se adaptar a um ambiente de aprendizagem autodirigida e colaborativa, devido aos seus diferentes estilos de aprendizagem. Outra desvantagem do PBL em relação às metodologias tradicionais na percepção dos alunos é o fato de ser exigido mais tempo aos estudos extraclasse. Neste sentido, faz-se necessário trabalhar o aluno para que ele conheça o método, seus benefícios e que o mesmo esteja consciente de como são desenvolvidos a *aprendizagem cooperativa*, independente, e o estudo *autorregulado*.

- Resistência a nova abordagem e a dificuldade apresentada pela turma de trabalhar em um ambiente educacional em que o estudante é o centro do processo de ensino-aprendizagem são fatores bastante marcantes na implantação do PBL no decorrer de uma disciplina convencional. Algumas competências poderão ser mais bem exploradas quando a turma já tem experiência prévia com a abordagem do PBL. Assim, observa-se que a resistência de alguns alunos quanto à nova abordagem afeta a implantação do método e, consequentemente, o processo de ensino-aprendizagem dos estudantes.

- A possibilidade de resistência dos docentes e a necessidade de prepará-los por meio de cursos de formação complementares que abordem o PBL, para atender a esta nova demanda acadêmica.

- Tamoyo (2009, p. 149) aponta que, para trabalhar com o PBL, o docente tem que estar consciente que a sua principal função enquanto facilitador é "fomentar no estudante atividades reflexivas que o façam identificar suas próprias necessidades de aprendizagem".

- Segundo Ribeiro (2010), o docente precisa estar aberto para enfrentar desafios a cada aula, pois os alunos levantam perguntas pertinentes, porém inesperadas e os mesmos não conseguem "saber tudo" e o fato de direcionar o aluno a buscar informação com outros professores e/ou com especialistas na área pode gerar estresse psicológico.

- Escrivão Filho e Ribeiro (2008) apontam que muitos professores são reticentes a mudança por terem sido vencedores nos modelos tradicionais de ensino-aprendizagem e não visualizam a necessidade de mudança didática em suas aulas, ou seja, eles aprenderam no tradicional e continuam ensinando no formato tradicional, pois é neste método que eles acreditam.

- Park (2006) afirma que muitos professores hesitam em implantar o PBL em suas aulas por falta de experiência, por ambiguidade e medo da mudança de papel.

- Outro impasse é a estrutura física, operacional e de recursos humanos que as IES precisam reformular para atender aos anseios do PBL, haja vista que, embora enfatizado anteriormente que o PBL atende aos pré-requisitos propostos nas diretrizes básicas da educação superior e do curso de Ciências Contábeis, as matrizes curriculares dos cursos não oferecem a possibilidade da tran, da inter e da multidisciplinaridade. Será que as IES estão dispostas a mudar? A IES precisa apresentar um suporte institucional para o desenvolvimento das aulas em PBL, pois a exigência é bastante diferente do sistema convencional (SAVIANI, 2002; STANLEY; MARSDEN, 2012; RIBEIRO, 2010).

- Wood (2003) corrobora a ideia ao afirmar que no PBL é necessário maior corpo docente para alcançar com eficácia o processo tutorial de atendimento aos grupos de alunos e, ainda, enfatiza a necessidade de uma estrutura ampla de biblioteca, recursos computacionais e de tecnologia da informação, tendo em vista que um grande número de estudantes necessitará de acesso simultaneamente aos recursos de pesquisa.

- Ribeiro (2010) enfatiza que o PBL acarreta gastos suplementares com os espaços destinados ao trabalho em grupo. Além disso, é fundamental para o sucesso da implantação do PBL o apoio organizacional na integração do trabalho coletivo realizado pelos tutores, professores das disciplinas de apoio e administradores. Por um outro lado, não basta implantar o PBL, mas, também, cuidar para que os alunos do currículo convencional não se sintam negligenciados durante o processo de transição do currículo tradicional para o PBL (SOARES; ARAÚJO, 2008).

Observa-se que foram detectadas algumas dificuldades na implantação do PBL nas diversas áreas de conhecimento, em especial na Contabilidade. Embora existam resistência e desafios a serem vencidos, o PBL é, sem dúvidas, uma porta para o futuro, pois poderia contribuir imensamente com a melhoria na qualidade de ensino do país. Assim sendo, sugere-se um esforço conjunto dos programas de pós-graduação, pois os mesmos são o caminho para aprimorar a construção do conhecimento científico em Contabilidade, proporcionar um melhor desenvolvimento da docência e desencadear um aperfeiçoamento no processo de ensino-aprendizagem na área de Ciências Contábeis.

Faz-se necessário que os professores, principalmente os que estão ingressando na docência, trabalhem de forma a promover o desenvolvimento de metodologias ativas, incluindo o PBL; e que se permita que os docentes conheçam outros métodos centralizados nos alunos, com intuito de prover melhor integração entre a prática profissional e a academia e, principalmente, promover com qualidade e inovação a preparação dos futuros profissionais para ingressarem no mercado de trabalho.

SUGESTÕES DE LEITURA:

Leia os materiais abaixo para saber mais sobre os desafios no PBL em experiências brasileiras:

- ARAÚJO, U. F.; SASTRE G. (Orgs.). *Aprendizagem baseada em problemas no ensino superior.* São Paulo: Summus, 2009.

- FREZATTI, F.; SILVA, S. C. Prática *versus* incerteza: como gerenciar o estudante nessa tensão na implementação de disciplina sob o prisma do PBL? *Revista Universo Contábil,* v. 10, p. 28-46, 2014. Disponível em: <http://proxy.furb.br/ojs/index.php/universocontabil/article/view/3539/pdf_1>. Acesso em: 30 jan. 2015.

- LOPES, P. A.; MARTINS, D. B. PBL: uma solução para integração e gerenciamento dos diversos tipos de projetos na engenharia civil. In: INTERNATIONAL CONGRESS PAN PBL 2014, 8, Concepción, Chile, 2014. *Anais...* Disponível em: <http://ubiobio.cl/pbl2014/t/2013105-201003.docx>. Acesso em: 30 jan. 2015.

- MARTINS, D. B. *Avaliação de habilidades e de atitudes em abordagem de problem-based learning no ensino de controle gerencial.* 2013. Dissertação (Mestrado em Contabilidade). Programa de Pós-Graduação em Contabilidade, Universidade Federal do Paraná, Curitiba, Paraná. Disponível em: <http://dspace.c3sl.ufpr.br:8080/dspace/handle/1884/34593>. Acesso em: 30 jan. 2015.

- RIBEIRO, L. R. C. *Aprendizagem baseada em problemas (PBL):* uma experiência no ensino superior. São Carlos: UduFSCAR, 2010.

- SOARES, M. A.; ARAÚJO, A. M. P.; LEAL, E. A. Evidências empíricas da aplicação do método Problem-Based Learning (PBL) na disciplina de contabilidade intermediária do curso de Ciências Contábeis. In: COIMBRA, Camila Lima (Org.) *Didática para o ensino nas áreas de administração e Ciências Contábeis.* São Paulo: Atlas, 2012, v. 1, p. 74-92.

REFERÊNCIAS

ABBAD, G.; BORGES-ANDRADE, J. E. Aprendizagem humana em organizações de trabalho. In: ZANELLI, J. C.; BORGES-ANDRADE, J. E.; BASTOS, A. V. B. (Orgs.). *Psicologia, organizações e trabalho no Brasil*. Porto Alegre: Artmed, 2004. p. 237-275.

ACCOUNTING EDUCATION CHANGE COMMISSION (AECC). Objectives of education for accountants: position and issue statement number one. *Issues in Accounting Education*, v. 5, n. 2, p. 307-312, 1990.

AMERICAN INSTITUTE OF CERTIFIED PUBLIC ACCOUNTANTS (AICPA). *Broad Business Perspective Competencies*. New York, 2005a.

_____. *Funcional Competencies*. New York, 2005b.

_____. *Personal Competencies*. New York, 2005c.

ARAÚJO, A. M. P.; FREGONESI, M. S. F. A.; SOARES, M. A.; SLOMSKI, V. G. Aplicação do método Problem-Based Learning (PBL) no curso de especialização em Controladoria e Finanças. In: CONGRESSO INTERNACIONAL PBL, São Paulo-SP, 2010. *Anais...*

ARAÚJO, A. M. P.; RODRIGUES, E. A. O Ensino da Contabilidade: aplicação do método PBL nas disciplinas de contabilidade em uma instituição de ensino superior particular. In: CONGRESSO USP DE CONTROLADORIA E CONTABILIDADE, 6, São Paulo – SP, 2006. *Anais...*

ARAÚJO, A. M. P.; SANTANA, A. L. A.; CARNEIRO, C. M. B. Saberes necessários à prática da educação problematizadora: a pedagogia de Paulo Freire no curso de Ciências Contábeis. In: IAAR-ANPCONT-International Accounting Congress, 3th, São Paulo. Accounting Internationalization, 2009. *Anais...*

ARAÚJO, U. F.; ARANTES, V. A. Comunidade, conhecimento e resolução de problemas: o projeto acadêmico da USP Leste. In: ARAÚJO, U. F.; SASTRE, G. (Orgs.). *Aprendizagem baseada em problemas no ensino superior.* São Paulo: Summus, 2009. p. 101-122.

ARAÚJO, U. F.; SASTRE G. (Orgs.). *Aprendizagem baseada em problemas no ensino superior.* São Paulo: Summus, 2009.

BARROWS, H. S. A Taxonomy of Problem-Based Learning Methods. *Medical Education,* v. 20, p. 481-486, 1986.

_____. Problem-based learning in medicine and beyond: a brief overview. *New directions for teaching and learning,* v. 68, p. 3-12, Winter, 1996.

_____. *The Tutorial Process.* Springfield, IL: Southern Illinois University School of Medicine, 1992.

BATISTA, N.; BATISTA, S. H.; GOLDENBERG, P.; SEIFFERT, O.; SONZOGNO, M. C. O enfoque problematizador na formação de profissionais da saúde. *Revista Saúde Pública,* v. 39. n. 2, p. 231-237, 2005.

BECKER, F. Um divisor de águas. In: L. Macedo (Colab.). *Jean Piaget.* Coleção Memória da Pedagogia. n. 1. (p. 24-33). Rio de Janeiro: Ediouro, 2005.

BENJAMIN JUNIOR, V. *Teoria da complexidade e contabilidade*: estudo da utilização da aprendizagem baseada em problemas como abordagem complexa no ensino de contabilidade. 2011. Dissertação (Mestrado em Ciências Contábeis) – Faculdade de Economia, Administração e Contabilidade, Universidade de São Paulo, São Paulo-SP.

BENJAMIN JUNIOR, V.; CASA NOVA, S. P. C. Teoria da complexidade e contabilidade: estudo da utilização da aprendizagem baseada em problemas como abordagem complexa no ensino de contabilidade. In: CONGRESSO USP DE CONTROLADORIA E CONTABILIDADE, 12, São Paulo-SP, 2012. *Anais...*

BERBEL, N. A. N. Metodologia da problematização: uma alternativa metodológica apropriada para o ensino superior. *Semina: Ciências Sociais e Humanas,* Londrina-PR, v. 16. n. 2, Ed. Especial, p. 9-19, out. 1995.

_____. A metodologia da problematização no ensino superior e sua contribuição para o plano da práxis. *Semina: Ciências Sociais e Humanas,* Londrina-PR, v. 17, Especial, p. 7-17, nov. 1996.

_____. A problematização e a aprendizagem baseada em problemas: diferentes termos ou diferentes caminhos? *Revista Interface Comunicação, Saúde e Educação,* v. 2, n. 2, p. 139-154, fev. 1998a.

_____. (Org.). *Metodologia da problematização*: experiências com questões de Ensino Superior, Ensino Médio e Clínica. Londrina: Ed. UEL, 1998b.

BERBEL, N. A. N. A metodologia da problematização e os ensinamentos de Paulo Freire: uma relação mais que perfeita. In: BERBEL, N. A. N. (Org.). *Metodologia da problematização*: fundamentos e aplicações. Londrina: Ed. UEL, 1999.

_____. *A metodologia da problematização com o Arco de Maguerez*: uma reflexão teórico-epistemológica. Londrina: EDUEL, 2012.

_____; GAMBOA, S. A. S. A metodologia da problematização com o Arco de Maguerez: uma perspectiva teórica e epistemológica. *Filosofia e Educação*, v. 3, n. 2, out. 2011/mar. 2012.

BEZ, M. R.; VICARI, R. M.; FLORES, C. D. Métodos ativos de aprendizagem: simulador de casos clínicos – Simdecs. *RETEME*, São Paulo, v. 2, n. 2, p. 146-166, jan./jun. 2012.

BLOOM, B. S; ENGELHART, M. D.; FURST, E. J.; HILL, W. H.; KRATHWOHL, D. R. *Taxonomia e objetivos educacionais*: domínio cognitivo. Porto Alegre: Globo, 1979.

BORDENAVE, J. D.; PEREIRA, A. M. *Estratégias de ensino-aprendizagem*. 4. ed. Petrópolis: Vozes, 1982.

BOUD, D. J. Assessment in problem-based learning. *Assessment & Evaluation in Higher Education*, v. 13, n. 2, 1988.

BOUD, D.; FELETTI, G. *The Challenge of Problem-Based Learning*. London: Kogan Page Limited, 2003.

BRANDA, L. A. A aprendizagem baseada em problemas: o resplendor tão brilhante de outros tempos. In: ARAÚJO, U. F.; SASTRE, G. (Orgs.). *Aprendizagem baseada em problemas no ensino superior*. São Paulo: Summus, 2009. p. 205-236.

BRANDÃO, H. P. *Aprendizagem, contexto, competência e desempenho*: um estudo multinível. 2009. Tese (Doutorado em Psicologia Social, do Trabalho e das Organizações) – Universidade de Brasília, Brasília-DF.

BRASIL. Decreto-Lei nº 9.295, de 27 de maio de 1946. Cria o Conselho Federal de Contabilidade, define as atribuições do Contador e do Guarda-livros, e dá outras providências. *Diário Oficial [da] República Federativa do Brasil*. Rio de Janeiro, RJ, 28 maio 1946.

_____. Lei nº 12.249, de 11 de junho de 2010. Institui o Regime Especial de Incentivos para o Desenvolvimento de Infraestrutura da Indústria Petrolífera nas Regiões Norte, Nordeste e Centro-Oeste – REPENEC; cria o Programa Um Computador por Aluno – PROUCA e institui o Regime Especial de Aquisição de Computadores para Uso Educacional – RECOMPE; prorroga benefícios fiscais; constitui fonte de recursos adicional aos agentes financeiros do Fundo da Marinha Mercante – FMM para financiamentos de projetos aprovados pelo Conselho Diretor do Fundo da Marinha Mercante – CDFMM; institui o Regime Especial para a Indústria Aeronáutica Brasileira – RETAERO; dispõe sobre a Letra Financeira e o Certificado de Operações

Estruturadas; ajusta o Programa Minha Casa Minha Vida – PMCMV; altera as Leis nos 8.248, de 23 de outubro de 1991, 8.387, de 30 de dezembro de 1991, 11.196, de 21 de novembro de 2005, 10.865, de 30 de abril de 2004, 11.484, de 31 de maio de 2007, 11.488, de 15 de junho de 2007, 9.718, de 27 de novembro de 1998, 9.430, de 27 de dezembro de 1996, 11.948, de 16 de junho de 2009, 11.977, de 7 de julho de 2009, 11.326, de 24 de julho de 2006, 11.941, de 27 de maio de 2009, 5.615, de 13 de outubro de 1970, 9.126, de 10 de novembro de 1995, 11.110, de 25 de abril de 2005, 7.940, de 20 de dezembro de 1989, 9.469, de 10 de julho de 1997, 12.029, de 15 de setembro de 2009, 12.189, de 12 de janeiro de 2010, 11.442, de 5 de janeiro de 2007, 11.775, de 17 de setembro de 2008, os Decretos-Leis nos 9.295, de 27 de maio de 1946, 1.040, de 21 de outubro de 1969, e a Medida Provisória nº 2.158-35, de 24 de agosto de 2001; revoga as Leis nos 7.944, de 20 de dezembro de 1989, 10.829, de 23 de dezembro de 2003, o Decreto-Lei nº 423, de 21 de janeiro de 1969; revoga dispositivos das Leis nos 8.003, de 14 de março de 1990, 8.981, de 20 de janeiro de 1995, 5.025, de 10 de junho de 1966, 6.704, de 26 de outubro de 1979, 9.503, de 23 de setembro de 1997; e dá outras providências. *Diário Oficial [da] República Federativa do Brasil*. Ministério da Fazenda. Receita Federal do Brasil. Brasília, DF, 11 jun. 2010.

_____. Lei nº 9.394, de 20 de dezembro de 1996. Estabelece as diretrizes e bases da educação nacional. *Diário Oficial [da] República Federativa do Brasil*. Brasília, DF, 23 dez. 1996.

_____. Resolução CNE/CES nº 10, de 16 de dezembro de 2004. Institui as Diretrizes Curriculares Nacionais para o Curso de Graduação em Ciências Contábeis, bacharelado, e dá outras providências. *Diário Oficial [da] República Federativa do Brasil*. Conselho Nacional de Educação. Câmara de Educação Superior. Brasília, DF, 28 dez. 2004.

BRETON, G. Some empirical evidence on the superiority of the problem-based learning (PBL) method. *Accounting Education: an International Journal*, v. 8, n. 1, p. 1-12, 1999.

CARDOSO, R. L.; MENDONÇA NETO, O. R.; OYADOMARI, J. C. Os Estudos internacionais de competências e os conhecimentos, habilidades e atitudes do contador gerencial brasileiro: análises e reflexões. *Brazilian Business Review*, v. 7, n. 3, p. 91-113, set./dez. 2010.

CARDOSO, R. L.; RICCIO, E. L. Existem competências a serem priorizadas no desenvolvimento do contador?: um estudo sobre os contadores brasileiros. *Revista de Gestão*, v. 17, n. 3, p. 353-367, jul./set. 2010.

CARDOSO, R. L.; RICCIO, E. L.; MENDONÇA NETO, O. R.; OYADOMARI, J. C. Entendendo e explorando as competências do contador gerencial: uma análise feita pelos profissionais. *Advances in Scientific and Applied Accounting*, v. 3, n. 3, p. 353-371, 2010.

CONSELHO FEDERAL DE CONTABILIDADE (CFC). *Edital Exame de Suficiência nº 01/2014*. Disponível em: <http://portalcfc.org.br/wordpress/wp-content/uploads/2013/ 12/Edital_1_2014.pdf>. Acesso em: 15 dez. 2014.

CYRINO, E. G.; RIZZATO, A. B. P. A contribuição à mudança curricular na graduação da faculdade de Medicina de Botucatu. *Revista Brasileira Saúde Materno Infantil*, v. 4, n. 1, p. 59-69, jan./mar. 2004.

CYRINO, E. G.; TORALLES-PEREIRA, M. L. Trabalhando com estratégias de ensino-aprendizado por descoberta na área da saúde: a problematização e a aprendizagem baseada em problemas. *Caderno de Saúde Pública*, Rio de Janeiro, v. 20, n. 3, p. 780-788, maio/jun. 2004.

DAHLE, L. O.; FORSBERG, P.; SEGERSTAD, H. H.; WYON, Y.; HAMMAR, M. ABP e medicina: desenvolvimento de alicerces teóricos sólidos e de uma postura profissional de base científica. In: ARAÚJO, U. F.; SASTRE, G. (Orgs.). *Aprendizagem baseada em problemas no ensino superior*. São Paulo: Summus, 2009. p. 123-140.

DAVIS, C. Piaget ou Vygotsky, uma falsa questão? In: FRISZMAN, A. L. et al. (Colab.). *Liev Seminovich Vygotsky*. Coleção memória da pedagogia. n. 2. Rio de Janeiro: Ediouro; Segmentto-Duetto, 2005. p. 38-49.

DECKER, I. R.; BOUHUIJS, P. A. J. Aprendizagem baseada em problemas e metodologia da problematização: identificando e analisando continuidades e descontinuidades nos processos de ensino-aprendizagem. In: ARAÚJO, U. F.; SASTRE, G. (Orgs.). *Aprendizagem baseada em problemas no ensino superior*. São Paulo: Summus, 2009. p. 177-204.

DEELMAN, A.; HOEBERIGS, B. A ABP no contexto da Universidade de Maastricht. In: ARAÚJO, U. F.; SASTRE, G. (Orgs.). *Aprendizagem baseada em problemas no ensino superior*. São Paulo: Summus, 2009. p. 79-100.

DES MARCHAIS, J. E. A Delphi technique to identify and evaluate criteria for construction of PBL problems. *Medical Education*, v. 33, n. 7, p. 504-508, 1999.

DESAULNIERS, J. B. R. Formação, competência e cidadania. *Educação & Sociedade*, v. 18, n. 6, p. 51-63, dez. 1997.

DOCHY, F.; SEGERS, M.; BOSSCHE, P.; GIJBELS, D. Effects of problem-based learning: a meta-analysis. *Learning and instruction*, v. 13, p. 533-568, 2003.

DOLMANS, D. H. J. M.; SNELLEN-BALENDONG, H.; WOLFHAGEN, I. H. A. P.; VAN DER VLEUTEN, C. P. M. Seven principles of effective case design for a problem-based curriculum. *Medical teacher*, 19(3), 185-189. 1997.

DUCH, B. J. Writing problems for deeper understanding. In: DUCH, B. J.; GROH, S. E.; ALLEN, D. E. *The power of problem-based learning*: a practical "how to" for teaching undergraduate courses in any discipline. Virginia: Stylus Publishing, 2001. p. 47-53.

DUCH, B. J.; GROH, S. E.; ALLEN, D. E. Why problem-based learning? A case study of institutional change in undergraduate education. In: DUCH, B. J.; GROH, S. E.; ALLEN, D. E. *The power of problem-based learning*: a practical "how to" for teaching undergraduate courses in any discipline. Virginia: Stylus Publishing, 2001. p. 3-12.

DURAND, T. L'achimie de La compétence. *Revue Française de Gestion*, v. 127, n. 1, p. 84-102, 2000.

DUTRA, M. H.; ALBERTON, L.; CAMARGO, R. C. C. P.; CAMARGO, R. V. W. Competências do auditor: um estudo empírico sobre a percepção dos auditados das empresas registradas na CVM. *Enfoque: Reflexão Contábil*, v. 32, n. 3, p. 37-55, set./dez. 2013.

ENEMARK, S.; KJAERSDAM, F. A ABP na teoria e na prática: a experiência de Aalborg na inovação do projeto no ensino universitário. In: ARAÚJO, U. F.; SASTRE, G. (Orgs.). *Aprendizagem baseada em problemas no ensino superior*. São Paulo: Summus, 2009. p. 17-42.

ESCRIVÃO FILHO, E.; RIBEIRO, L. R. C. Inovando no ensino de administração: uma experiência com a Aprendizagem Baseada em Problemas (PBL). *Cadernos EBAPE*, número especial, p. 1-9, 2008.

FLEURY, M. T. L; FLEURY, A. Construindo o conceito de competência. *Revista de Administração Contemporânea*. Edição Especial, p. 183-196, 2001.

FREIRE, P. *Pedagogia da autonomia*: saberes necessários à prática educativa. São Paulo: Paz e Terra, 1996.

_____. *Pedagogia do oprimido*. Rio de Janeiro: Paz e Terra, 1987.

FREZATTI, F.; MARTINS, D. B.; BORINELLI, M. L.; ESPEJO, M. M. S. B. Análise do desempenho de alunos na perspectiva do CHA em disciplina utilizando PBL: o que significa a síntese? In: CONGRESSO USP DE CONTROLADORIA E CONTABILIDADE, XIV, São Paulo-SP, 21 a 23 de julho, 2014. *Anais...*

FREZATTI, F.; BORINELLI, M. L.; MARTINS, D. B.; ESPEJO, M. M. S. B. PBL: dá para sintetizar a nota de avaliação? In: INTERNATIONAL CONGRESS PAN PBL 2014, 8, Concepción, Chile, 2014. *Anais...*

FREZATTI, F.; SILVA, S. C. Prática *versus* incerteza: como gerenciar o estudante nessa tensão na implementação de disciplina sob o prisma do PBL? *Revista Universo Contábil*, v. 10, p. 28-46, 2014.

GASQUE, K. C. G. D.; CUNHA, M. V. A epistemologia de John Dewey e o letramento informacional. *TransInformação*, Campinas, v. 22, n. 2, p. 139-146, maio/ago. 2010.

GASSNER, F. P.; ESPEJO, M. M. S. B.; BUFREM, L. S.; CLEMENTE, A.; LIMA, E. M. Percepções e preferências dos estudantes de Ciências Contábeis, em relação ao ensino, à luz de Paulo Freire. In: CONGRESSO INTERNACIONAL DE ADMINISTRAÇÃO, 2010. *Anais...*

GIJSELAERS, W. H. Connecting problem-based practices with educational theory. In: WILKERSON, L.; GIJSELAERS, W. H. *Bringing problem-based learning to higher education*. San Francisco: Jossey-Bass Publishers, 1996. p. 13-21.

GORDON, R. Balancing real-world problems with real-world results. *Phi Delta Kappan*, 390-393, January, 1998.

HADGRAFT, R. G; PRPIC, J. The Key Dimensions of Problem-Based Learning. In: ANNUAL CONFERENCE AND CONVENTION OF THE AUSTRALIAN ASSOCIATION FOR ENGINEERING, 11, Adelaide, Australia, 1999. *Anais...*

HADGRAFT, R.; HOLECEK, D. Viewpoint: towards total quality using Problem-based learning. *International Journal of Engineering Education*, v. 11. n. 1, p. 8-13, 1995.

HANSEN, J. D. Using problem-based learning in accounting. *Journal of Education for Business*, v. 81, n. 4, p. 221-224, 2006.

HILLEN, H.; SCHERPBIER, A.; WIJNEN, W. History of problem-based learning in medical education. In: BERKEL, H.; SCHERPBIER, A.; HILLEN, H.; VLEUTEN, C. (Edits.). *Lessons from Problem-Based Learning*. New York: Oxford University Press Inc, 2010. p. 5-11.

HMELO-SILVER, C. E. Problem-based learning: what and how do students learn? *Education Psychology Review*, v. 16, n. 3, p. 235-266, Sep. 2004.

INSTITUTE OF CHARTERED ACCOUNTANTS (ICA). *Professional Accreditation Guidelines for Higher Education Programs*. October, Australia, 2009.

INTERNATION FEDERATION OF ACCOUNTANTS (IFAC). Proposed International Education Standard (IES) 3: initial professional development – professional skills (revised). *Exposure Draft*. August. New York: International Accounting Education Standards Board (IAESB), 2012.

JOHNSTONE, K. M; BIGGS, S. F. Problem-Based learning: introduction, analysis and accounting curricula implications. *Journal of Accounting Education*, v. 5, n. 3/4, p. 407-427, 1998.

KANET, J. J.; BARUT, M. Problem-based learning for production and operations management. *Decision Sciences Journal of Innovative Education*, Oxford, v. 1 n. 1, p. 99-118, 2003.

KEMBER, D. A reconceptualisation of the research into university academic's conceptions of teaching. *Learning and Instruction*, v. 7, n. 3, p. 255-275, 1997.

KOSCHMANN, T. Dewey's contribution to a standard of problem-based learning practice. In: *European perspectives on computer-supported collaborative learning*: Proceedings of Euro-CSCL. p. 355-363, 2001.

LAJONQUIÈRE, L. De Piaget a Freud, mais ainda. In: MACEDO, L. (Colab.). *Jean Piaget*. Coleção memória da pedagogia. n. 1. Rio de Janeiro: Ediouro; Segmentto-Duetto, 2005. p. 58-67.

LEGG, M. From question to answer: the genre of the problem-based learning tutorial at the University of Hong Kong. *English for Specific Purposes*, v. 26, n. 3, p. 344-367, 2007.

LIBBY, R.; LUFT, J. Determinants of judgment performance in accounting settings: Ability, knowledge, motivation, and environment. *Accounting, Organizations and Society*, v. 18, n. 5, p. 425-450, 1993.

LOMBARDIA, P. G.; STEIN, G.; PIN, J. R. Politicas para dirigir a los nuevos profesionales – motivaciones y valores de la generación Y. Documento de investigación. DI-753. Mayo, 2008. Disponível em: <http://www.iesep.com/ Descargas/spdf/Gratuitos/R130.pdf>. Acesso em: 7 nov. 2013.

LOPES, P. A.; MARTINS, D. B. PBL: uma solução para integração e gerenciamento dos diversos tipos de projetos na engenharia civil. In: INTERNATIONAL CONGRESS PAN PBL 2014, 8, Concepción, Chile, 2014. *Anais...*

MACDONALD, R.; SAVIN-BADEN, M. A *briefing on assessment in problem-based learning*. LTSN Generic Centre, Series n. 13, 2004.

MACEDO, L. O ancestral do humano e o futuro da humanidade. In: MACEDO, L. (Colab.). *Jean Piaget*. Coleção memória da pedagogia. n. 1. Rio de Janeiro: Ediouro; Segmentto-Duetto, 2005. p. 6-15.

MANAF, N. A. A.; ISHAK, Z.; HUSSIN, W. N. W. Application of problem-based learning (PBL) in a course on financial accounting principles. *Malaysian Journal of Learning and Instruction*. v. 8, p. 21-47, 2011.

MARKS-MARAN, D.; THOMAS, B. G. Assessment and evaluation in problem based learning. In: GLEN, S.; WILKIE, K. *Problem-based learning in Nursing*: a new model for a new context?. Palgrave Macmillan, 2000, p. 127-150.

MARTINS, D. B. *Avaliação de habilidades e de atitudes em abordagem de problem-based learning no ensino de controle gerencial*. 2013. Dissertação (Mestrado em Contabilidade) – Programa de Pós-Graduação em Contabilidade, Universidade Federal do Paraná, Curitiba, Paraná.

MARTINS, D. B.; ESPEJO, M. M. S. B.; FREZATTI, F. Avaliação de habilidades e de atitudes em abordagem de problem based learning no ensino de controle gerencial. In: CONGRESSO ANPCONT, VIII, Rio de Janeiro, 17 a 20 de agosto, 2014. *Anais...*

MENNA-BARRETO, L. Neurociências, pedagogia e psicologia: o desafio de Vygotsky é a criação de um modelo que evite cair no reducionismo ou no idealismo, construindo uma ponte entre ciências naturais e ciências humanas. In: FRISZMAN, A. L. et al. (Colab.). *Liev Seminovich Vygotsky*. Coleção memória da pedagogia. n. 2. Rio de Janeiro: Ediouro; Segmentto-Duetto, 2005. p. 84-88.

MILNE, M. J.; MCCONNELL, P. J. Problem-based learning: a pedagogy for using case material in accounting education. *Accounting Education: An International Journal*, v. 10, n. 1, p. 61-82, 2001.

MIRANDA, C. S. *Ensino de contabilidade gerencial*: uma análise comparativa de percepções de importância entre docentes e profissionais, utilizando as dimensões de atividades, artefatos e competências. 2010. Tese (Doutorado em Ciências Contábeis) – Faculdade de Economia, Administração e Contabilidade, Universidade de São Paulo, São Paulo-SP.

MOESBY, E. Perspectiva geral da introdução e implementação de um novo modelo educacional focado na aprendizagem baseada em projetos e problemas. In: ARAÚJO, U. F.; SASTRE, G. (Orgs.). *Aprendizagem baseada em problemas no ensino superior*. São Paulo: Summus, 2009. p. 43-77.

NASSIF, A. C. N. *Metodologia de ensino*. Escolas Médicas do Brasil, 2010. Disponível em: <http://www.escolasmedicas.com.br/metodo.php>. Acesso em: 26 mar. 2013.

NEWMAN, M. J. Problem-based learning: an introduction and overview of the key features of the approach. *Journal of Veterinary Medical Education (JVME)*, v. 32, n. 1, p. 12-20, 2005.

NOGUEIRA, D. R.; CASA NOVA, S. P. C.; CARVALHO, R. C. O. O bom professor na perspectiva da geração Y: uma análise sob a percepção dos discentes de Ciências Contábeis. *Enfoque: Reflexão Contábil*, v. 31, n. 3, p. 37-52, 2012.

NOSSA, V. Ensino de contabilidade no Brasil: uma análise crítica da formação do corpo docente. Dissertação de Mestrado em Controladoria e Contabilidade. Faculdade de Economia, Administração e Contabilidade, Universidade de São Paulo, São Paulo, 1999.

OBLINGER, D. G.; OBLINGER, J. L. Introduction. In: OBLINGER, D. G.; OBLINGER, J. L. (Eds.). Educating the Net Generation. 2005. Disponível em: <www.educause.edu/educatingthenetgen/>. Acesso em: 3 nov. 2013.

OLIVEIRA, M. K. Escola e desenvolvimento conceitual: os conceitos mostram a intencionalidade do ato educativo e representam para Vygostsky o núcleo das mudanças do pensamento do adolescente. In: FRISZMAN, A. L. et al. (Colab.). *Liev Seminovich Vygotsky*. Coleção memória da pedagogia. n. 2. Rio de Janeiro: Ediouro; Segmentto-Duetto, 2005. p. 68-75.

PADOAN, F. A. C. *A interdisciplinaridade no ensino da contabilidade gerencial em instituições públicas de ensino superior do estado do Paraná*. 2007. Dissertação (Mestrado em Contabilidade) – Programa de Mestrado em Contabilidade, Setor de Ciências Sociais Aplicadas, Universidade Federal do Paraná, Curitiba-PR.

PARK, S H. *Impact of Problem-Based Learning (PBL) on teachers' beliefs regarding technology use*. 2006. Tese (Doutorado em Filosofia) – Faculty of Purdue University, West Lafayette, Indiana.

PIAGET, J. *Problemas de psicologia genética*. Rio de Janeiro: Forense, 1973.

PINHEIRO, M. M.; SARRICO, C. S.; SANTIAGO, R. A. Desenvolvimento de competências sociais no ensino superior profissionalizante pela utilização de metodologias de ensino-aprendizagem de tipo PBL: um estudo de caso de um curso de contabilidade. *Revista da Educação*, v. XVII, n. 2, p. 43-60, 2010.

PINHEIRO, M. M.; SARRICO, C. S.; SANTIAGO, R. A. Competências de autodesenvolvimento e metodologias PBL num curso de contabilidade: perspectivas de alunos, docentes, diplomados e empregadores. *Revista Lusófona de Educação*, v. 17, p. 147-166, 2011a.

_____; _____; _____. Como os acadêmicos se adaptam a um ensino baseado em PBL numa licenciatura tradicional em contabilidade. *Revista de Contabilidade e Organizações*. v. 5, n. 13, p. 109-131, set./dez. 2011b.

PINTO, G. R. P. R.; SANTOS, C. A. S.; PEREIRA, H. B. B. AVPBL: uma ferramenta para auxiliar a sessão tutorial do método de Aprendizagem Baseada em Problemas. In: CONGRESSO NACIONAL DE AMBIENTES HIPERMÍDIA PARA APRENDIZAGEM (CONAHPA), 1, Florianópolis-SC, 2004. *Anais...*

REGO, T. C. *Vygotsky*: uma perspectiva histórico-cultural da educação. Petrópolis: Vozes, 2012.

RIBEIRO, L. R. C. Aprendizagem baseada em problemas (PBL) na educação em engenharia. *Revista de Ensino de Engenharia*, v. 27, n. 2, p. 23-32, 2008.

_____. *Aprendizagem baseada em problemas (PBL)*: uma experiência no ensino superior. São Carlos: UduFSCAR, 2010.

RIBEIRO, L. R. C.; ESCRIVÃO FILHO, E. Avaliação formativa no ensino superior: um estudo de caso. *Acta Scientiarum. Human and Social Sciences*, v. 33, n. 1, p. 45-54, 2011.

RODRIGUES, E. A.; ARAÚJO, A. M. P. O ensino da contabilidade: aplicação do método PBL nas disciplinas de contabilidade em uma instituição de ensino superior particular. *Revista de Educação*, Itatiba, v. X, p. 166-176, 2007.

ROGAL, S. M. M.; SNIDER, P. D. Rethinking the lecture: The application of problem-based learning methods to atypical contexts. *Nurse Education in Practice*, v. 8, p. 213-219, 2008.

ROSA, A. P.; CORTIVO, L. D.; GODOI, C. K. Competências profissionais: uma análise da produção científica brasileira de 1999 a 2004. *Revista de Negócios*, Blumenau, v. 11, n. 1, p. 77-88, jan./mar., 2006.

ROSS, B. What lessons – and where to? In: ALAVI, C. *Problem-based Learning in a Health Sciences Curriculum*. London: Routledge, 1995.

SAKAI, M. H.; LIMA, G. Z. PBL: uma visão geral do método. *Olho Mágico*, Londrina, v. 2, n. 5/6, edição especial, 1996.

SAVERY, J. R. Overview of problem-based learning: definitions and distinctions. *Interdisciplinary Journal of Problem-based Learning*. v. 1, n. 1, p. 9-20, 2006.

SAVERY, J. R.; DUFFY, T. M. Problem-based learning: an instructional model and its constructivist framework. *Educational Technology*, v. 35, p. 1-17, 1995.

SAVIANI, D. *Escola e democracia*: teorias da educação, curvatura da vara, onze teses sobre a educação política. Campinas: Autores Associados, 2002.

_____. História da história da educação no Brasil: um balanço prévio e necessário. *Revista Científica EccoS*. São Paulo, v. 10, especial, p. 147-167, 2008.

SCHMIDT, H. G. Problem-based learning: rationale and descriptions. *Medical Education*, v. 17, p. 11-16, 1983.

_____. *Attributes of problems for problem-based learning*. Unpublished manuscript. Masstricht; The Netherlands: University of Limburg, 1985.

SCHMIDT, H. G.; MOLEN, H. T.; WINKEL, W. W. R. T.; WIJNEN, W. H. F. W. Constructivist, problem-based learning does work: a meta-analysis of curricular comparisons involving a single medical school. *Educational Psychologist*, v. 44, n. 4, p. 227-249, 2009.

SHAW, M. E. *Group dynamics*. New York: McGraw-Hill, 1976.

SILVA, F. M. M. C. *As tecnologias da informação e comunicação e o ensino da contabilidade*. 2009. Dissertação (Mestrado em Contabilidade e Auditoria) – Departamento de Economia, Gestão e Engenharia Industrial, Universidade de Aveiro, Portugal.

SIMÕES, L.; GOUVEIA, L. B. Geração Net, Web 2.0 e ensino superior. In: FREITAS, E.; TUNAS, S. (Orgs.). Novas médias, novas gerações, novas formas de comunicar. *Cadernos Mediáticos*, Edição especial, v. 6, p. 21-32, 2009.

SIQUEIRA, J. R. M.; SIQUEIRA-BATISTA, R.; MORCH, R. B.; SIQUEIRA-BATISTA, R. Aprendizagem baseada em problemas: o que os médicos podem ensinar aos contadores. *Revista Contabilidade Vista & Revista*, v. 20, n. 3, p. 101-125, jul./set., 2009.

SIQUEIRA-BATISTA, R.; SIQUEIRA-BATISTA, R. Anéis da serpente: a aprendizagem baseada em problemas e as sociedades de controle. *Ciência & Saúde Coletiva*, v. 14, n. 4, p. 1183-1192, 2009.

SMOLE, K. S. Novos óculos para a aprendizagem de matemática. In: L. Macedo (Colab.). *Jean Piaget*. Coleção memória da pedagogia. n. 1. Rio de Janeiro: Ediouro; Segmentto-Duetto, 2005. p. 34-41.

SMOLKA, A. L. B.; LAPLANE, A. L. F. Processos de cultura e internalização: para Vygotsky, as funções mentais são relações sociais internalizadas e a aprendizagem se distingue pela criação de signos e pela incorporação da cultura. In: FRISZMAN, A. L. et al. (Colab.). *Liev Seminovich Vygotsky*. Coleção memória da pedagogia. n. 2. Rio de Janeiro: Ediouro; Segmentto-Duetto, 2005. p. 76-83.

SOARES, M. A. *Aplicação do método de ensino Problem-Based Learning (PBL) no curso de Ciências Contábeis*: um estudo empírico. 2008. Dissertação (Mestrado em Controladoria e Contabilidade) – Faculdade de Economia, Administração e Contabilidade, Universidade de São Paulo, Ribeirão Preto-SP.

SOARES, M. A.; ARAÚJO, A. M. P. Aplicação do método de ensino Problem-Based Learning (PBL) no curso de Ciências Contábeis: um estudo empírico. In: CONGRESSO ANPCONT, 2, Salvador-BA, 2008. *Anais...*

SOARES, M. A.; ARAÚJO, A. M. P.; LEAL, E. A. Evidências empíricas da aplicação do método Problem-Based Learning (PBL) na disciplina de contabilidade intermediária do curso de Ciências Contábeis. In: COIMBRA, Camila Lima (Org.). *Didática para o ensino nas áreas de administração e Ciências Contábeis*. São Paulo: Atlas, 2012. v. 1, p. 74-92.

SOCKALINGAM, N. *Characteristics of problems in problem-based learning*. 2010. Tese (Doutorado em Filosofia) – Erasmus University em Roterdã, Holanda.

SOCKALINGAM, N.; SCHMIDT, H. G. Characteristics of problems for problem-based learning: the students' perspective. *Interdisciplinary Journal of Problem-based Learning*, v. 5, n. 1, p. 6-33, Spring, 2011.

SOCKALINGAM, N.; MARTINS, D. B.; FREZATTI, F. Practical issues in implementing problem-based learning: an international perspective. In: INTERNATIONAL CONGRESS PAN PBL 2014, 8, Concepción, Chile, 2014. *Anais...*

SOUZA, A. A.; AVELAR, E. A.; BOINA, T. M.; RODRIGUES, L. T. Ensino da contabilidade gerencial: estudo dos cursos de Ciências Contábeis das melhores universidades brasileiras. *Revista Contemporânea de Contabilidade*, v. 1, n. 10, p. 69-90, jul./dez. 2008.

SOUZA, R. A.; MARTINELI, T. A. P. Considerações históricas sobre a influência de John Dewey no pensamento pedagógico brasileiro. *Revista HISTEDBR On-line*, Campinas, v. 35, p. 160-162, set. 2009.

SPENCE, L. Problem-Based Learning: Lead to Learn, Learn to Lead. In: *Problem-Based Learning Handbook*, Penn State University, School of Information Sciences and Technology, 2001. Disponível em: <http://n-imagecache.aldenhosting.com/~n1 studyg/pblhandbook.pdf>. Acesso em: 15 fev. 2013.

STANLEY, T.; MARSDEN, S. Problem-based learning: does accounting education need it? *Journal of Accounting Education*, v. 30, p. 267-289, 2012.

STEARNS, L. M.; MORGAN, J.; CAPRARO, M. M.; CAPRARO, R. M. A teacher observation instrument for PBL classroom instruction. *Journal of STEM Education*, v. 13, n. 3, May/June, 2012.

TAI, G. X. L.; YUEN, M. C. Authentic assessment strategies in problem-based learning. *ICT: Providing choices for learners and learning*. Proceedings ascilite Singapore. 2007. Disponível em: <http://www.ascilite.org.au/conferences/singapore07/procs/tai.pdf>. Acesso em: 14 jul. 2013.

TAILLE, Y. Desenvolvimento do juízo moral. In: MACEDO, L. (Colab.). *Jean Piaget*. Coleção memória da pedagogia. n. 1. Rio de Janeiro: Ediouro; Segmentto-Duetto, 2005. p. 76-88.

TAMAYO, M. D. B. Inovação curricular na Escola Universitária de Enfermagem de Vall d'Hebron, Barcelona: projetos e implementação da ABP. In: ARAÚJO, U. F.; SASTRE, G. (Orgs.). *Aprendizagem baseada em problemas no ensino superior.* São Paulo: Summus, 2009. p. 141-156.

THERRIEN, J.; LOIOLA, F. A. Experiência e competência no ensino: pistas de reflexões sobre a natureza do saber-ensinar na perspectiva da ergonomia do trabalho docente. *Educação & Sociedade*, ano XXII, v. 74, Abril, 2001.

TORP, L. *Problems as possibilities*: problem-based learning for K-16 education. U.S: Association for Supervision & Curriculum Development, 2002. p. 29-34.

VASCONCELOS, A. F.; CAVALCANTE, P. R. N.; MONTE, P. A. Uma análise das competências dos professores de ciências contábeis a partir do envolvimento em atividades de pesquisa e extensão. In: ENCONTRO DA ANPAD, XXXV, Rio de Janeiro, 4 a 7 de setembro de 2011. *Anais...*

VASCONCELOS, K. C. A.; MERHI, D. Q.; GOULART, V. M.; SILVA, A. R. L. A geração Y e suas âncoras de carreira. *Revista Eletrônica de Gestão Organizacional – Gestão. Org*. v. 8, n. 2, p. 226-244, maio/ago., 2010.

WERNECK, H. *Ensinamos demais, aprendemos de menos*. 14. ed. Petrópolis: Vozes, 1998.

WILKIN, C. L.; COLLIER, P. A. A problem-based approach to accounting education: A pragmatic appraisal of a technologically enabled solution. *International Journal of Education and Development using Information and Communication Technology (IJEDICT)*, v. 5, n. 2, p. 49-67, 2009.

WOOD, D. F. ABC of learning and teaching in medicine: problem-based learning *British Medical Journal (BMJ)*, v. 326, p. 328-330, 2003.

WOOD, D. R. Helping your students gain the most from PBL. In: ASIA PACIFIC CONFERENCE ON PBL, 2nd, Singapore, 4 to 7 Dec, 2000. *Anais...*

_____. *Preparing for PBL*. McMaster University, Hamilton, ON, Canada. Third edition. March. 2006.

XAVIER, A. C. Letramento digital: impactos das tecnologias na aprendizagem da Geração Y. *Calidoscópio*, v. 9, n. 1, p. 3-14, 2011.

Formato	17 x 24 cm
Tipografia	Iowan 11/13
Papel	Offset 90 g/m² (miolo)
	Cartão Supremo 250 g/m² (capa)
Número de páginas	176
Impressão	Lis Gráfica